战略思维的
六项修炼

The
Six Disciplines
of Strategic
Thinking

Leading Your Organization
into the Future

[美] 迈克尔·D. 沃特金斯（Michael D. Watkins）————著 林霖————译

图书在版编目（CIP）数据

战略思维的六项修炼 /（美）迈克尔·D. 沃特金斯著；林霖译 . -- 北京：中信出版社，2025.4. -- ISBN 978-7-5217-7303-3

Ⅰ . F272.1

中国国家版本馆 CIP 数据核字第 20258GA199 号

Copyright @ Michael D.Watkins 2024
First published as The Six Disciplines of Strategic Thinking in 2024 by Ebury Edge, an imprint of Ebury Publishing.
Ebury Publishing is part of the Penguin Random House group of companies.
Simplified Chinese translation copyright © 2025 by CITIC Press Corporation
ALL RIGHTS RESERVED
本书仅限中国大陆地区发行销

战略思维的六项修炼
著者：［美］迈克尔·D. 沃特金斯
译者：林霖
出版发行：中信出版集团股份有限公司
（北京市朝阳区东三环北路 27 号嘉铭中心　邮编　100020）
承印者：北京联兴盛业印刷股份有限公司

开本：880mm×1230mm 1/32　　印张：7.25　　字数：118 千字
版次：2025 年 4 月第 1 版　　印次：2025 年 4 月第 1 次印刷
京权图字：01-2025-0588　　书号：ISBN 978-7-5217-7303-3
定价：69.00 元

版权所有·侵权必究
如有印刷、装订问题，本公司负责调换。
服务热线：400-600-8099
投稿邮箱：author@citicpub.com

献给卡蒂娅，我一生的至爱

目录

前言 III
引言 战略思维的力量 VII

第一项修炼 模式识别：洞察即力量 001
如果能够在复杂、快速变化的环境中更好地识别模式，你就可以快人一步，采取更加有效的行动。

第二项修炼 系统分析 025
建立系统模型，能够更精准地思考各种关键要素以及要素之间的相互作用，更好地识别问题和设计解决方案。

第三项修炼 　**心智敏锐度：层级转换与博弈取胜** 059
面对日益加剧的复杂性、不确定性、波动性和模糊性，我们要坚持推陈出新，找到推动组织前进的最佳方法，这种能力就是心智敏锐度。

第四项修炼 　**结构化问题的解决** 083
结构化问题的解决能够帮助你在冒险的过程中让不同的利益相关方达成一致意见。

第五项修炼 　**愿景制定** 117
这是一种设想一个宏大但有望实现的潜在未来，并动员组织实现梦想的能力……连接潜在的未来和当下的现实。

第六项修炼 　**政治才能** 141
政治才能可以帮助你探索并影响组织的政治局势。通过理解底层的权力动态，不同利益相关方的议题和影响力模式，更好地制定战略，并组建联盟支持你的目标。

尾声　培养战略思维能力 171
致谢 185
参考文献 189

前　言

　　战略思维一向是企业、政府以及各类组织管理者的必备素质。如今，全球环境风云变幻，预测未来并制订计划、对复杂问题进行批判性和创造性思考以及面对不确定性和变化做出高效决策的能力至关重要。

　　近年来，科技发展、全球化以及政治和经济的不确定性，更是让我们认识到战略思维的重要性。科技变革日新月异，颠覆了传统的商业模式，并为那些用战略思维思考如何利用这些模式的人创造了新的机遇。世界各地互相连接、彼此依赖，在思考业务和市场的过程中，管理者需要具备更广阔和国际化的视野。此外，政治和经济的动荡导致环境更加不确定和不稳定，管理者越来越难以预测和规划未来。

　　在这种背景下，战略思维变得比以往任何时候都更加重要。擅长战略思维的管理者能够更加准确地预测挑战，做出反应，并利用挑战带来的机遇。本书提供了一份全面且实用的战略思维指南，为各个层面的管理者提供了丰富的见解和工具。

虽然管理者战略思维的底层逻辑基本不变，但AI（人工智能）的发展将彻底改变企业管理者运用战略思维的方式。AI具有处理大量数据、识别模式并做出预测的能力，能够为企业管理者带来前所未有的见解和视角，帮助他们做出更全面、准确的决定，更有效地预测和规划未来。这也将对战略咨询工作的未来产生巨大影响。

未来，高层管理者和AI战略支持系统的组合可能呈现共生关系。管理者将携手AI，共同提高决策水平以及解决问题和制定战略的能力。AI系统将为管理者提供实时数据、分析和洞察。通过这些资源，管理者能够做出更好的决策，制定更加有效的战略。通过分析海量数据，AI能够识别模式和趋势，对未来做出预测，并帮助管理者识别和降低风险。同时，AI工具还能模拟不同的场景，提供多种选择和建议。

在这种共生关系中，管理者需要提出正确的问题，对AI提供的见解和建议进行解读。和以往一样，管理者将提供背景，发挥创造力。重要的一点是，他们拥有高情商和政治才能，能够灵活调整和应用 AI 提供的结果。

然而，随着 AI 的应用日趋广泛，企业管理者越来越需要学习使用这些系统的新技能。他们需要学会理解 AI 技术以及 AI 生成的数据，解读分析 AI 提供的洞察，并基于这些洞察进行决策。此外，管理者还需要理解自己使用的 AI 系统所产生的伦理和社会影响。

因此，在阅读本书的过程中，读者应谨记，书中所探讨的六项战略思维修炼在未来也是必不可少的。随着时代向前发展，这六项修炼或许会变得更重要。与此同时，在阅读各个章节的过程中，请想象一下，如果你拥有一个专门为你的公司设计的 AI 系统，并且该系统经过优化，可以和你高效合作，你将会如何运用书中探讨的这些理论和工具？

引 言

战略思维的力量

2016年，吉恩·伍兹成为医疗保健机构Carolinas Health-Care System（CHS）的首席执行官。这家备受好评的非营利医疗机构位于美国北卡罗来纳州，年收入80亿美元，拥有6万名员工。吉恩·伍兹是一位经验丰富的首席执行官，有着不凡的业绩。这次，伍兹接任的CHS是一家强大的企业，利润良好，资产负债表评级为AA级。公司的临床医疗团队人才济济，领导团队都是元老级人物。从表面上看，该公司拥有能够持续发展的成功商业前景。然而，不远处早已乌云密布。

当时美国的医疗保健行业风云动荡，即便是最成功的医疗保健系统，也无法长期盈利。政治动荡导致监管政策充满不确定性。私募股权公司注资支持新的竞争者，他们野心勃勃，决心颠覆市场。CHS的董事会预见了这些挑战，于是未雨绸缪，聘请伍兹加入团队。伍兹接受了本书的专访。在采访中伍兹表示："我接手这家公司的时候，它在旧规则下运行得非常成功。但是别人只看到它的成功，我却发现了它不堪一击的一面。"

当时美国的医疗保健行业正在经历合并潮，伍兹认为这个趋势会持续下去。他认为，CHS当时的商业模式有问题，公司虽然短期内不会陷入危机，但无法以这种模式长期生存下去。伍兹出任首席执行官时，CHS和附近其他医疗保健系统已经达成管理服务协议。CHS为这些医疗保健系统提供付费运营服务，但各系统之间的关系十分松散。伍兹认为，这种类型的合作影响力越来越低，既不利于最佳实践的共享，也无法创造规模经济。他相信，如果要应对未来的挑战，就需要大力提升CHS的商业模式整合度。

CHS正处于关键时期。"我们有资金继续维持那些松散的关系吗？当时我预计，我们很快就得做出艰难的抉择，"伍兹说，"虽然我们的核心业务很强大，市场也在不断增长，但是从当时的合并潮来看，不出几年，我们就会被其他虎视眈眈的大系统包围。我们需要成为整合地区医疗资源的驱动者。如果不成为领头羊，就只能成为追随者。"

伍兹的洞察明确了CHS的发展方向。于是，伍兹口中的"下一代网络战略"诞生了。他的设想是构建一个联系紧密的区域网络系统，其使命和文化保持一致，通过分享最佳实践、利用互补能力以及获得规模效益来与竞争对手抗衡。

为了给自己的愿景打好基础，伍兹与当地其他医疗保健企业的首席执行官以及社区和政府官员都建立了联系。同时，他在CHS内部发起了一项改革倡议，提出采用新的合作模式，并培养更具适应性的文化，以支持这种模式。

"大家都知道，我们一向采取自上而下的模式，也就是'我们管理你们，所以你们要听我们的'，"伍兹说，"我很清楚，这种模式没办法实现我们的目标。在文化层面，我们需要进一步发展，以支持新的合作模式。"

5年后，即2021年底，CHS改名为"中庭健康"（Atrium Health）。此时的它已经发展成为一家规模庞大的区域医疗保健系统，业务遍布北卡罗来纳州、南卡罗来纳州、佐治亚州和弗吉尼亚州。通过合并附近三家医疗保健系统，中庭健康的年收入增加至120亿美元，员工增加了1.7万人，员工总数达到7.7万人。此刻的中庭健康是一家经历过转型的机构，在新领导班子的带领下，形成了一种包容、高效的企业文化，随时准备迎接新的发展。中庭健康具有优秀的临床水平，与知名学术医疗系统维克森林浸信会医疗中心联手，为它带来了世界一流的科研能力。这个时候，这家医疗机构完全有条件成为全美公认的行业领头羊，引领新医疗保健模式的发展。不过，伍兹的野心不止于此。

2022年5月，伍兹和医疗保健公司 Advocate Aurora Health 首席执行官吉姆·斯科格斯伯格宣布了合并意向，轰动了整个美国医疗保健行业。[1] Advocate Aurora Health 是一家规模较大的非营利组织，业务范围在威斯康星州和伊利诺伊州。2022年底，经美国联邦贸易委员会及各州监管机构批准，两家机构合并为 Advocate Health，成为美国第五大非营利医疗保健系统，拥有15.8万名员工、67家医院以及1000多家提供临床服务的诊所，收入高达270亿美元。按照计划，合并之后，伍兹和斯科格斯伯格将成为新机构的联合首席执行官。同时，斯科格斯伯格宣布自己将在18个月后退休，届时伍兹将成为唯一的首席执行官。

CHS从一家中等规模的地方医疗系统发展成为全国性的行业巨头。在这段伟大的征程中，伍兹作为顶层设计师，充分发挥了战略思维的力量。你如果立志成为企业管理者，就必须学会像伍兹一样运用战略思维。作为一名可靠的经营者，你可以在某个组织中走得很远；但如果缺少战略思维，你就永远无法在顶层获得成功。为什么？如果一家企业的管理者不具有战略思维，那么这家企业就会被那些由具有战略思维的管理者领导的企业击败——要么被收购，要么衰败而亡。董事会总是选择那些战略思维能力强的人作为企业掌舵人，带领企业在布满暗礁险滩的水域里航行。这是今天的企业都必须应对的挑战。

2013年，美国管理研究集团（Management Research Group）调查了来自140个国家、26个行业的6万名企业经理和高管。调查结果显示，与普通人相比，具有卓越的战略思维技能（包含批判性分析、前瞻性思维以及计划能力）的人成为高效管理者的可能性是其他人的6倍。他们在组织内被认为具有强大成长潜力的可能性是其他人的4倍。[2]专业服务企业曾格·福克曼公司（Zenger Folkman）近期的研究也得出和美国管理研究集团一致的结果。虽然曾格·福克曼公司的研究结果公布于2021年，但其研究持续了几年，共包括三项独立的研究。这些研究发现，拥有"战略眼光"和晋升至高级职位之间存在显著相关性。[3]

记住，战略思维是通往顶层的快车道。如果你认为现在的自己不具备战略思维，别担心，这是一项可以习得的技能。像伍兹这样的管理者无疑具有天赋。但为了带领组织走向未来，他们也在不断努力提升自己的能力。在本书中，我将向你展示他们的成功之道。我将帮助你评估你的战略思维天赋，并帮助你通过经历和训练来培养这种能力。

什么是战略思维？

很多人尝试对"战略思维"做出定义，但目前还没有准确的描述。我曾经邀请50多位企业高管、人力资源主管，以及学习和发展专家来定义战略思维，他们一开始的反应都是："我一看到就知道了。"他们知道，战略思维是高层管理者所具有的一种独特且重要的能力；但除此之外，他们对战略思维的认知就很模糊了。有些人认为，战略思维就是吸收大量信息并辨别出重要信息和非重要信息的能力。另一些人认为，战略思维就是擅长出招和见招拆招。还有一些人认为，战略思维就是对未来进行设想。当然，这些想法都有共同点，但没有一个全面的定义。

如果没有准确的定义，我们就很难评估和培养战略思维能力。我们只能靠拆解这项技能的具体组成部分，来制定评估和培养战略思维的有效方法。

值得庆幸的是，通过采访企业管理者，我得以更加深入地探究这个问题。从采访中我发现了多个共同的主题。通过提炼这些见解，我得出以下定义：

战略思维是一套心理修炼方法，管理者运用这套方法来辨别潜在的风险和机遇，确定需要集中精力优先处理的事项，动员自己和组织去规划并实施有前景的发展路径。

总而言之，战略思维意味着超越现状看问题，以批判性和创造性思维思考未来的各种可能。基于你对每个设想场景的潜在风险和机遇的评估，你可以制定出推动组织向前发展的有效策略。

想成为公认的战略思维家，除了能力，机会也必不可少。你或许拥有出色的战略思维潜力，但是如果你的职位无法让你一展身手，你就不可能得到认可。许多组织内部的高级职位对战略思维的要求并不高，拥有出色的分析、解决问题和执行的能力足矣。通常情况下，你如果想获得能够展示自己战略思维的职位，就必须运筹帷幄一番。战略家总是擅长为自己争取施展拳脚的机会。然而，如果让战略思考者的识别和培养如此依赖机会和政治，那么风险实在太高了。

思考：

在本书中，你将会时不时看到这类问题。我希望通过提问请你暂停阅读，对一些关键问题进行思考。当你读到战略思维的定义时，你觉得战略思维和你的个人能力有什么关系？你如何进一步发展战略思维能力？

战略思维与批判性思维

批判性思维是战略思维的必要组成部分和基本技能，但它并非战略思维的充分条件。批判性思维是指一个人通过逻辑和系统的方法对信息和观点进行评估的能力，它包括搜集和评估事实的能力、识别假设和偏见的能力，以及对某个观点的优缺点进行评估的能力。接下来我将在书中提到，战略思维还包括预判能力、创造力、远见、目标设定及执行。除了拥有批判性思维，擅长战略思考的人还能够预判和计划未来，对复杂的问题进行创造性思考。在面对不确定性和变化时，他们能够做出有效的决策。

战略思维和创新思维

创新思维即产生新颖的、创新的想法的能力。它包括跳出思维定式，质疑假设，并挑战现状。创新思维是战略思维的另一个重要因素，能够帮助管理者产生新颖的想法和观点。在他们制定战略决策时，创新思维能够提供参考。当今世界商业环境变幻莫测，管理者如果想保持领先地位，就要高度重视创新思维。在《创新自信力》一书中，汤姆·凯利和戴维·凯利让读者看到，通过学习，每个人都能提高自己的创造力，他们也阐述了提高创造力的具体方法。[4]创新思维是战略思维的一部分，通过培养创新思维能力，你能够更好地预测未来的趋势，并利用这些趋势开发创新方法。

战略思维和设计思维

战略思维和设计思维都是解决问题的方法,但两者截然不同。战略思维包括分析组织的现状和环境,识别挑战和机遇,制订实现目标的行动计划。与之相反,设计思维是一个创造性的过程,这个过程包括了解客户的需求,制定相应的方案来满足这些需求。在《设计思维:理解设计师的思考和工作方式》(*Design Thinking: Understanding How Designers Think and Work*)一书中,作者奈杰尔·克罗斯总结道,设计思维包括和终端用户共情、提出问题、产生想法、制定初步解决方案,以及测试这些方案的有效性。[5] 战略思维侧重于实现组织的长期目标和做出有效决策,而设计思维侧重于创造新颖的解决方案来取悦客户。

战略思维及情景感知

最后,掌握战略思维,需要深入理解组织所处的环境。

这意味着你必须对组织的文化、结构及资源等内部环境有深入的洞察。这种洞察有助于评估组织的优势和不足，制定符合组织能力的战略。此外，你也必须理解组织的外部环境，包括对组织产生影响的经济、政治、社会和科技因素。理解这一点，有助于你对周围的变化做出预判和计划，发现新的发展机会。

此外，你必须理解不同利益相关者（如顾客、股东、员工和监管者等）的期待和需求。这种认知能够帮助你预测利益相关者的需求，做出相应的计划，并制定符合他们预期的策略。

对商业环境的了解有助于你高效预测和规划未来，识别发展机会，并针对组织所处的特定环境制定策略。这意味着你不仅要投入精力去吸收、整合跟组织相关的信息，还要了解你的组织处在一个怎样的外部大环境中。

战略思维为何如此重要？

如果商业世界永远风平浪静、井然有序，那就根本不需要战略思维了。然而，事实恰恰相反。商业竞争越来越激烈，赌注也越来越高。制定正确的战略以创造或保持成功不是简单的事情，面对这个越来越波涛汹涌的世界，组织管理者必须主动掌舵，乘风破浪。在这个充满风险和挑战的环境里，战略思维极具价值。

为了理解这一点，可以先了解像中庭健康的高管吉恩·伍兹那样的管理者需要面对的心理挑战。具体来讲，这类企业管理者需要应对四个维度的挑战：波动性（volatility）、不确定性（uncertainty）、复杂性（complexity）和模糊性（ambiguity）。（首字母缩略词为VUCA，这个术语最早出现在沃伦·G.本尼斯和伯特·纳努斯发表于20世纪80年代中期的作品中，后来被美国陆军采用，然后被更广泛地应用于领导力研究。）[6]

虽然VUCA好听好记，但我认为这四个词的顺序需要稍作调整：把复杂性挪到最前面（变成CUVA）。复杂性、不确定性、波动性和模糊性相互联系，拓展一个维度的认知有利于理解并解决其他维度的挑战。复杂性是大多数管理者需要应对的核心挑战。通过理解其组织及组织所处的商业环境的复杂性，你可以预判并解读最重要的不确定性，从而更好地应对波动性和模糊性维度的挑战。

- 复杂性意味着某个相关领域（例如开发新产品）具有许多相互联系的变量。作为人类，我们的认知能力有限，这些变量对我们理解全局造成了困难。一个拥有数万名员工的组织，每天在数百家机构里通过多种技术手段和几十个流程，为数千名患者提供医疗服务，这本身就具有极高的复杂性。管理者需要为这样的组织建立并维持良好的"心理模式"，并针对变化做出合理预判，而复杂性为这项任务带来了挑战。擅长战略思维的人能够驾驭复杂性，因为他们熟知系统的运作方式，也懂得把注意力集中在真正重要的事情上。

- 不确定性表示某件事具有一系列明确的潜在结果，但我们无法完美预测某个结果出现的具体场合。不管付出多少努力去搜集信息，我们都无法改变这种情况。之所以出现这种情况，通常是因为有各种小因素会影响事情发展的最终结果。在上文的美国医疗保健案例中，政府法规具有塑造行业的强大影响力，而全美及各州选举结果都会改变政府法规。擅长战略思维的人能够分辨出最重要的不确定性，思考各种可能性，并探究各种可能的情景将产生的结果。

- 波动性意味着油价等重要的事情会迅速变化。因此，我们很难紧盯当下正在发生的事情，并及时针对变化做出调整。在上文的医疗保健企业案例中，专注于最赚钱业务的新的竞争对手随时可能出现，并淘汰掉现有的商业模式。此外，科技更新迭代的速度之快，让人难以判断调整的时机和方式。擅长战略思维的人能够快速感知新的挑战与机遇，并及时做出反应。

- 模糊性意味着人们对组织应聚焦于什么问题持有不同的观点，对问题的解决方式也存在争论。因此，利益相关方对"正确"的事情也持有不同看法。例如，美国的医疗保健系统正在进行降本增效，并降低医疗服务的费用。从患者的角度看，看病更便宜是好事。但是从医疗保健系统管理者的角度看，他们需要用更低的成本实现更高的利润，这就意味着他们需要做出艰难的权衡。擅长战略思维的人懂得协调多方利益，从不同角度思考，找到各方都同意的"框架"来解决问题。

如今，这四个维度影响着所有企业，也让企业管理者难以开疆拓土。技术、社会及环境的变化导致这些挑战愈演愈烈，这也意味着战略思维的价值越来越高。

思考：
复杂性、不确定性、波动性和模糊性在多大程度上给你和你所在的组织带来了挑战？CUVA中的哪个维度给你带来了最大的挑战？

战略思维不是什么

有效定义战略思维，能够帮助我们认清战略思维不是什么。人们倾向于关注战略方面，而非思维方面。

战略思维并非竞争对手分析。竞争对手分析指利用迈克尔·波特的"五力分析"[7]等框架对你所在行业的竞争对手进行分析，并应用分析结果更好地理解组织的环境，以确定重要的事情以及任务。竞争对手分析通常是战略思维的一项重要输入。

战略思维并非战略规划。战略规划指组织制定战略的过程,包括选择做什么和不做什么,为支持活动分配资源,创建符合战略的决策制定标准。战略思维能够为战略规划提供强大的参考,并塑造战略规划。

尽管竞争对手分析和战略规划都是有价值的活动(许多图书、文章和项目都讨论了这两个话题),但战略思维和它们不同。竞争对手分析和竞争计划制订涉及演绎和分析,而战略思维偏向归纳和整合。此外,竞争对手分析和战略规划通常是组织层面的集体工作,而战略思维更依赖于管理者在个体层面通过正确的思维处理模式,创造可操作的见解和有前途的策略。

战略思考者是天生的,还是后天塑造的?

和大多数卓越的人类才能一样,答案是"都有"。先天的能力,即天赋,可能会限制你的战略思维潜力。不过,就像我前面说的,有效的战略思维不仅仅是天生的分析能力。情商、创造力以及有效的合作和沟通能力也十分重要。如果一位企业管理者能够认识并控制自己的情绪，创造性地思考并产生新想法，与他人高效地沟通和合作，那么这位管理者也能更高效地运用战略思维。

不管天赋如何，恰当的经历和训练都能够培养你的潜力。这就像决定成为马拉松运动员一样。更高比例的慢缩型肌纤维和更大的肺活量等遗传特征，或许让你更容易成为一名出色的马拉松运动员。[8]然而，假如不经常跑步，也不坚持用正确的技巧进行练习，天赋再高的人也有可能输给天赋较差但训练更高效的人。

有些人或许天生具有战略思维，他们是少数的幸运儿。这些人是天生的管理者，他们的分析能力、情商和创新能力都是与生俱来的。但这只是低概率事件。别丧气，战略思维是一项可以培养的能力。虽然天赋有一定的作用，但通过学习，每个人都可以提高这项能力。你需要做的，就是知道培养这项能力的方法，并行动起来，坚持锻炼。

战略思维能力（STC）可以由下面的公式定义：

$$STC = 天赋 + 经验 + 锻炼$$

天赋即先天的能力，由你的基因和成长过程决定。经验来自对能够培养战略思维能力的情境的参与。锻炼指能够锻炼战略思维肌肉的脑力活动。

很多管理者苦于缺乏"经验"，因为他们没有机会展示和发展自己的潜能。因此，你需要积极寻找新的挑战和责任，包括承担新项目，带领跨职能团队，寻找机会让自己担任更需要战略思维的新角色。通过接受新挑战，你能获得各种新鲜的经历，进而开拓视野，发展你的战略思维能力。

关于"锻炼"的部分，我将提出各种建议，帮助你提高战略思维能力，并在本书末尾进行总结。

性格对战略思维的影响

战略思维根植于认知及情感能力，但性格对战略思维也有一定的影响。具体来说，擅长战略思维的人，有三个性格特点。第一，对新体验持开放心态。擅长战略思维的人能够适应不断变化的环境，在评估过程中不断吸收新信息。第二，他们通常具有坚定的信心，深信自己能够预测并主动塑造自己和组织的未来，而不仅仅是被动地对变化做出反应。第三，他们有对获胜的渴望。所有擅长战略思维的人都是野心勃勃的人。

战略思维的六项修炼

我相信每个人都可以培养战略思维能力，这是本书的基础，而研究和实际经验也证明了这一点。通过恰当的接触和正确的练习，你可以大大提升自己的战略思维能力，这将帮助你攀至顶峰，引领你的组织走向未来。

在接下来的章节中，我将探讨构成战略思维的六项修炼。这些修炼能帮助你识别新出现的挑战和机遇，确定重要事情的优先顺序，并动员组织积极应对。

前三项修炼将为你学会识别组织面临的挑战和机遇并确定优先任务打下基础。

第一项修炼：模式识别。观察复杂、不确定、波动和模糊（CUVA）的商业场景的能力，快速找出必要和非必要因素的能力，以及识别重大威胁和机遇的能力。

第二项修炼：系统分析。为复杂的情境构建系统心智模型的能力，利用这些模型来识别模式、做出预测、制定有效策略的能力。

第三项修炼：心智敏锐度。利用不同层次的分析探索商业挑战的能力，对其他利益相关方在追求目标的过程中做出的行为和反应进行预测的能力。

另外三项修炼旨在提高你动员组织有效应对挑战和机遇的能力。

第四项修炼：结构化问题的解决。引导组织确定问题框架、制定创新的解决方案的能力，以及在面对艰难抉择时做出最高效的选择的能力。

第五项修炼：愿景制定。想象宏大但可实现的未来的能力，以及激励组织实现这些愿景的能力。

第六项修炼：政治才能。理解组织内部影响力的运行规则，以及利用这些见解与主要利益相关方建立联盟的能力。

我将深入探讨每一项修炼的本质以及如何培养这些能力。在本书末尾，我将把所有建议总结为一份"练习手册"，帮助读者成为更擅长战略思维的人。

AI和战略思维的未来

最后，AI 的发展将进一步凸显人类战略思维能力的重要性。机器学习系统基于大量综合专业商业知识进行训练，用户通过对话式自然语言交互界面来使用，这种技术正在革新管理者进行战略思考的过程。AI 能够处理大量数据，识别模式，并做出预测，可以帮助管理者获得以前无法获得的新洞察和新视角。

越来越多的管理者正在与 AI 驱动的战略系统形成共生关系，以提高决策制定、问题解决和战略发展等方面的能力。这类系统能够提供实时数据、分析和洞察，模拟不同的场景，为人们提供各种选择和建议。

幸运的是，至少到目前为止，战略思维的六项修炼对企业管理者（比如你！）来说还是很重要的能力。在这种人类和 AI 的共生关系中，管理者将继续运用这六项修炼提出正确的问题，解读 AI 伙伴提供的洞察和建议。重要的是，你将提供语境，贡献你的创造力，运用你的情商和政治才能调整和实施 AI 提供的结果。

> **拓展阅读**
>
> 汤姆·凯利、戴维·凯利：《创新自信力》
>
> 奈杰尔·克罗斯：《设计思维：理解设计师的思考和工作方式》

第一项修炼

模式识别：
洞察即力量

人类的大脑能够从我们周围的世界识别出规律或模式，这就是模式识别的能力。这项能力是人类认知的一个基本方面，让我们能够理解那些持续轰炸我们的海量信息。人类的模式识别能力是一个复杂的动态过程，涉及感知力、注意力、记忆力、推断力等多种认知功能。凭借模式识别能力，我们能够识别熟悉的事物和场景，对世界做出预测和推断，并从经验中学习。

在商业领域，识别模式的能力就是观察你的组织所处的CUVA环境，并辨别关键要素。擅长战略思维的人具有强大的心智模型，能够理解其专业领域内的各种因果关系，例如客户行为、金融趋势、市场状况等。

通过发展模式识别能力，你可以更加敏锐地察觉到正在浮现的商业挑战和机遇，从而更快地采取行动、确定任务优先级，动员你的组织避免价值被威胁破坏，或者抓住机会创造价值，又或者二者兼用。

如图1-1所示，战略思维就是通过识别模式（recognize）、确定任务优先级（prioritize）并动员组织（mobilize）（RPM），以应对挑战和机遇的过程。这是一个循环的过程，在识别问题后，你需要优先处理最重要的问题，并动员你的组织解决这些问题。通过RPM循环快速行动具有重大价值，这样做可以让你和你的团队比竞争对手更快一步。

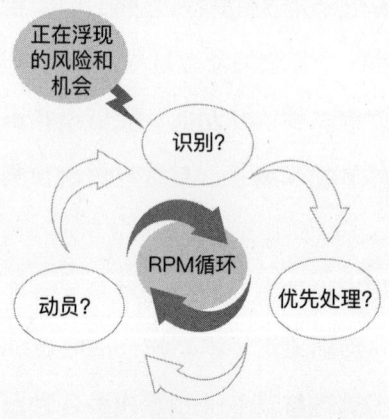

图1-1 识别—优先—动员（RPM）循环

正如我们在引言中谈到的，吉恩·伍兹拥有出色的RPM

能力。2016 年，他一被任命为 CHS 的首席执行官，就立刻意识到利润下降、监管政策的不确定性，以及新的玩家正在私人资本的助推下进入市场，并由此做出美国医疗保健行业将迎来并购潮的判断，从而推断医疗保健行业的整合时机已经成熟，可以采取行动了。

伍兹很快就意识到，他的许多首席执行官同行也发现了这个趋势，但他们并没有收购目标和收购计划。"很多人都在埋头应对重大市场动态。"伍兹说，"但这件事敲醒了大家，让大家意识到全新的可能性。"伍兹迅速发现机会，并为他的组织开拓了一条充满希望的前进道路。2018 年，CHS 和总部位于佐治亚州的医疗保健系统 Navicent Health 合并，合并后的组织更名为中庭健康。扩大规模后，这家公司又完成了几次收购。就像引言里提到的，2022 年，中庭健康和另一家大机构合并，成为全美第五大非营利医疗保健系统。

模式识别为何如此重要？

如果看不到风险和机会，你就无法确定任务的优先级，并动员组织来应对这些风险和机会。当今社会云谲波诡，和大多数企业高管一样，你可能正带领企业在日新月异的竞争形态和科技发展中摸爬滚打。与此同时，你需要应对前所未有的业绩和组织改革压力。面对种种难关，你面临的心智处理挑战也越来越多。你必须准确评估迅速演变的情况，预判事情发展的路径，并对你的战略做出相应调整。

这也是模式识别能力如此有效的原因。洞察即力量。如果能够在复杂、快速变化的环境中更好地识别模式，你就可以比竞争对手更快、更有效地采取行动。

思考：

在你的日常工作中，模式识别能力有多重要？哪种类型的模式影响最大？你认为自己的模式识别能力有多强？

模式识别能力对取得成功至关重要，国际象棋和围棋等策略游戏就是体现这一点的经典领域。国际象棋大师比普通棋手厉害那么多，原因是什么？其中一个关键点在于，他们对棋盘上的重要模式具有超凡的感知能力，而且他们很清楚自己下的每步棋会产生什么影响。在《提高你的国际象棋模式识别能力》（Improve Your Chess Pattern Recognition）一书中，作者阿瑟·范德乌德韦特林写道："模式识别是提高国际象棋技术最重要的机制之一。当你意识到棋盘上的棋局和以前见过的棋局具有相似性时，你就能快速抓住棋局的核心，从而下出最妙的一步棋。"[1]

从策略游戏计算机程序的发展中，我们可以进一步认识模式识别的力量。1997年，IBM（国际商业机器公司）开发的"深蓝"在比赛中打败了当时的国际象棋世界冠军加里·卡斯帕罗夫，成为首个战胜世界冠军的计算机程序。"深蓝"的实力源于蛮力算法，其工作原理是使用高速计算机寻找所有潜在的招式及对抗招式。"深蓝"的引擎每秒能够评估两亿个棋局。通常情况下，这个引擎能够搜索6至8步以后的棋局，最多能预测20步，在某些场景下这个数字甚至更高。

今天最好的国际象棋引擎结合了蛮力算法和基于神经网络运行的深度学习算法。[2] 即使面对难度更高的策略游戏，这类系统的表现也在不断超过人类。2017年，谷歌的DeepMind部门设计的深度学习系统阿尔法围棋（AlphaGo）轻而易举地战胜了世界排名第一的围棋职业棋手柯洁。[3]

值得庆幸的是，至少就目前而言，崭露头角的人工智能系统有助于提高企业管理者的模式识别能力以及其他战略思维能力，而不会取代他们。这是因为你所处的领域不仅充满复杂性和不确定性，也充满波动性和模糊性。要在人类和人工智能的共生系统中发挥作用，你需要具有在一片充满噪声的汪洋中识别重要模式的能力，利用你的洞察力来构建最重要的问题，提出正确的问题，确定任务优先级，并动员你的组织采取行动。我们今天所处的时代，竞争日益激烈，技术发展日新月异，政治和环境危机仍然是重要问题。在这样的环境下，你的创意和远见仍然至关重要。

如何进行模式识别？

擅长模式识别的高管能够把自己对时事的观察和他们的记忆模式相匹配。这种能力可以帮助他们迅速识别需要集中精力处理的重要事情。擅长战略思维的人能够利用自己的心智模型去理解当下发生的事，并把他们的见解转化为行动。

在最好的情况下，最高层次的模式识别不仅包括感知身边发生的事件，也包括理解这些事件在更大层面上的意义，从而判断出充满活力的商业环境的演变趋势。通用电气前首席执行官杰克·韦尔奇是美国最具影响力的企业管理者之一，他生前指出："优秀的管理者都懂得审时度势。这是少数人具备的能力，能够预测未来的人更是少之又少。"[4]

擅长战略思维的人能够处理海量信息。面对复杂的商业环境，他们能够快速高效地找到核心问题。他们的心智模型源自长期记忆，能够帮助他们在喧嚣的世界中发现微弱但重要的信号。因此，即使面对巨大的不确定性，这类人也能够基于不完整的信息做出决策。

因此，要培养出色的战略思维能力，你必须努力建立起自己的心智模型，这有助于你洞察核心业务领域的各种动态。心智模型能够帮助你处理更多信息，就算信息再多，也不会让你的认知处理能力过于分散，让你处于茫然的状态。研究表明，信息超载会消耗能量，影响自我控制，损害一个人制定决策和与团队合作的能力。[5]

我们的大脑拥有两个基本的思考系统，理解这两个系统，有助于培养模式识别能力。这一点从诺贝尔奖获得者丹尼尔·卡尼曼的著作《思考，快与慢》中可见一斑：

系统1的诸多能力中包括一些与生俱来的能力，这些能力与其他动物的本能一样。我们生来就能感知周围的世界，能够认识事物，可以集中注意力，会规避风险，会害怕蜘蛛。大脑的其他思维活动也因长期的训练而变得快速和自动。[6]

系统1在后台运行，快速而自然，很少有意识地思考，但容易出现偏差和错误。系统2需要我们刻意思考，运行速度更慢，涉及更多的分析。正如卡尼曼在同一段节选中所描述的那样："系统2将注意力分配给需要费脑力的大脑活动，例如复杂的运算。系统2的运行通常与行为、选择和专注等主观体验相关联。"当你专注于数学等具有挑战性的认知任务时，系统2就会启动。一旦识别到某种模式，系统2就会控制你的注意力，比如对新的刺激感到惊讶。

假设你是一家金融服务企业的首席执行官，你认为即将出现经济衰退，你已经为潜在的贷款损失留出了准备金。然而，你的季度业绩超出了市场普遍预期。在消化这些数据的过程中，你的系统2会调动你的长期记忆，寻找你以前经历过的相似模式。（例如，财政刺激、就业率上升等因素降低了借款人违约率。）接下来，你开始构建一套合理的叙事，帮助自己回忆、理解你"看到"的东西,并把你的发现转达给别人。

利用这些洞察,你就能启动"联想激活"来设想未来。在处理某个想法(例如财政刺激)的过程中,储存于长期记忆中的相关概念,例如量化宽松、流动性、通货膨胀等也会立即被激活。接下来就会导致"启动效应":接收刺激可以加速认知处理和记忆提取过程,让你对相关刺激做出更快的反应。启动效应就像水中泛起的涟漪。各种关联一旦形成,就能够"启动"其他想法。

这种心智启动对企业领导力有什么作用?想象一下,你管理着一家业绩不佳的公司,公司的销售额和利润都在下降,股票价格也在下跌。看着这些惨淡的业绩,你脑海中浮现出激进投资者的身影,这帮人相信他们能解决公司的问题。在这种情况下,你的大脑受到启动,想起这个信息。当你意识到即将出现挑战时(例如有对冲基金买入了更多股份,要求占有董事会的席位),你就能够快速思考,并迅速做出反应。实际上,你能够更有效地感知发展初期的风险和机会,而这就是战略思维的基础。

模式识别对决策制定和战略发展至关重要。学会模式识别,你就可以从海量数据中识别趋势、关系和其他有意义的信息。然后，你可以利用这些洞察，做出更明智的决策，制定更有效的策略，并对未来的事件做出预测。此外，识别数据中的模式有助于你发现潜在的风险和机会，这也是制定有效战略的关键。

不过，你可能根本意识不到这个过程，因为你的大脑主要由系统 1 控制，它会快速自动地运行。因此，在强化战略思维能力的整体训练中，你必须专注于培养系统 2 的能力。

思考：

如何提高你对系统 2 运行情况的感知能力？

模式识别能力有什么局限？

当培养模式识别能力时，你同样需要认识到模式识别能力的局限，避免落入常见的陷阱。否认基本认知局限的存在，就是其中一个陷阱。你不要指望自己能了解所有影响业务的重要变化，也不要指望自己对所有变化都能做出反应。每个人的注意力都是有限的。过于专注某项任务可能会导致你对某些事物视而不见,而这些事物恰恰是平时容易吸引你注意力的事物。

心理学家克里斯托弗·查布里斯和丹尼尔·西蒙斯做过一个实验,实验的名字叫"看不见的大猩猩",这个实验就是一个经典的案例。这两位心理学家在哈佛大学的心理学课程上要求学生观看一个视频,并计算视频里球员传球的次数。视频里有一位穿着大猩猩服装的人走过球场,并不停捶打胸口,但超过一半的受试者完全无视"大猩猩"。即使被告知"大猩猩"的存在,事后看来,这些学生也不记得有这回事。[7] 由于学生事先被告知计算传球次数是一项重要任务,所以他们的大脑完全集中在这项任务上。因此,即使面对一个非常新颖的刺激,他们也完全没有多余的心力去发现它。

在生物进化的过程中,我们学会把最严重的威胁和最有望成功的机会摆在最优先的位置,以提高我们的生存概率。在商业世界里,专注力让管理者能够聚焦于关键任务,避免被海量的刺激淹没。但它也有不利的一面,尤其是在世界变得越来越复杂和混乱的情况下。

矛盾的是,我们也要警惕选择性注意的陷阱。如果你能够花点儿时间评估和思考,你就可以更好地识别重要的模式,而不会被闪亮的物体分散注意力。和大多数企业高管一样,你可能发现时间越来越不够用,而随着科技、社会和环境的加速发展,你也面临着前所未有的复杂挑战。在这种情况下,提高模式识别能力尤为重要。

除了认识到模式识别的局限性及选择性注意的危险,我们也要认识到,人很容易受到偏见的影响,这些偏见会限制我们对那些最重要的风险和机会的感知。在《黑天鹅》一书中,纳西姆·尼古拉斯·塔勒布写道,管理者总是看不到那些重大但难以预料的风险(想想2008年的全球金融危机)或机会(加密货币和区块链等革命性技术的出现)。[8]

你如果察觉不到自己在搜集和解读信息时的偏见,就无法真正成为模式识别方面的专家。卡尼曼将人类的大脑称为"一台急于下结论的机器"。在信息不足的情况下,我们会做出猜想。有时候,如果这些猜想还算合理,猜错了也没什么严重后果,那么这条思维捷径就能帮助我们在不了解全局的情况下理解复杂的事件。[9]

然而,你必须努力规避"证真偏差"等经典陷阱。"证真偏差"是一种倾向性,我们总是倾向于寻找和现有观点一致的新数据,或者选择性回忆能够证明现有理论的证据。

关联性偏差,也称"叙事陷阱",是指对某种不存在的模式的感知。构建叙事和推断因果关系是人类的本能,我们这么做是为了"理解"错综复杂、看似毫无关联的事物。财经新闻媒体就是一个例子,媒体经常说利率上调"促使"银行股价上涨,但这种分析没有考虑小概率事件,也未能控制其他重要变量。

另一种确认偏误是"光环效应",罗森维在其著作《光环效应》中对这个概念有过描述。[10] 光环效应指某个人(或某家公司)的某个重要方面倾向于以没有事实支持的方式塑造对整体的看法。在关于光环效应的研究中,罗森维让读者看到,光环效应严重扭曲了我们对公司业绩的认知。他解释说,人们通常认为一家财务状况良好的公司具有健全的策略和强有力的领导力。然而如果它业绩下滑,我们总是轻易地将这个现象归结为公司策略不合理,首席执行官变得过于傲慢。企业的整体业绩清晰而明确,因此产生了一种总体印象(光环),这种印象影响了我们对光环之下的影响因素的认知。用罗森维的话来说,我们混淆了结果和原因。

一厢情愿是另一种典型的认知偏差,通常被称为"沉没成本谬误"。陷入沉没成本谬误的人会怀着挽回损失的妄想,将宝贵的资源投入一个毫无胜算的亏损项目。这种"加倍下注"的心理是导致很多金融丑闻的根本原因。例如，当流氓交易员陷入高风险大型赌注带来的恶性循环时，这种恶性循环在某种情况下最终可能导致制度失灵，甚至引发全球危机。

最后要注意的一点是，出现问题的时候，不要怪罪他人。人类有一种天性，倾向于把负面结果归于外部因素，把积极的结果归于个人。心理学家把这种倾向称为"自我服务偏差"。虽然"自我服务偏差"可能有助于提高人们对个人成功和政治权力的感知，但这种倾向也会影响判断力，最终可能导致灾难性错误。虽然我们天生就有这种寻找替罪羊的冲动，但擅长战略思维的人不会屈服于这种冲动。他们会去发掘导致公司业绩差的结构性问题，并对公司结构做出改革。这样的人充满好奇心，乐于接受各种可能的解决方案。

这意味着，如果带着这些有害的偏差搜集和解读信息，你就无法预判组织的现实情况。这时就算再努力，也不过是"屎上雕花"。在这种情况下，你无法精准识别潜在的风险和机会，并利用你的洞察做出预测，让企业驶入正确的航线。

显然，你必须学会识别常见的认知偏差，并避免这些偏差。但这还不够，除了"消除偏差"，你还必须培养批判性思维技能，着重培养并测试你的模式识别能力。面对一个高风险的新场景，你会对这个场景形成初始认识，但你必须对这种直觉进行批判性思考。认知偏差会模糊重要的现实，让我们只看到我们想看到的东西。拥有顶级战略思维的人不仅会怀疑自己的直觉，也敢于挑战他人笃定的观点。

像伍兹这样的管理者倾向于选择对他们的计划和目标有利的道路。不过，模式识别也可以表明，你需要针对周围发生的事情对航线做出调整。能够自如运用战略思维的人，也能够持续适应周围的环境。伍兹的工作习惯是从开放式讨论开始，这种讨论能够滋养战略思维。最佳实践包括与不同的团队讨论各种可能性，从而获得各种视角和经验，这种做法有助于解决问题和制定决策。

开放式讨论可以凸显你的心智模型中存在的问题。例如，你的最新发现和你原本对商业图景的评估相互矛盾，导致原本的战略规划失去可行性。在这种情况下，你可以搜集更多信息，修正假设，从而做出更准确的判断。通过批判和修正的过程，擅长战略思维的人能够验证并优化其模式识别的结果。

思考：

如何避免落入以上这些陷阱，培养好奇心，优化心智模型？

如何提升模式识别能力？

虽然我们需要警惕模式识别的局限性，但模式识别仍然具有强大的力量。我们的大脑天生具有识别模式的能力。但是，和战略思维其他方面的技能一样，模式识别能力是可以培养的。

对神经可塑性的研究表明，大脑会将注意力分配给需要耗费脑力的活动，并努力应对这些活动。[11] 通过学习，你能提高技能，大脑也能更轻松地工作。这个时候，大脑负责管理注意力控制和努力控制的区域的活动会大幅减少。

沉浸式学习是学习一门新语言的最佳方法，也是深入洞察错综复杂的商业环境的绝佳途径。沉浸式的过程不可或缺，因为人们需要在一个环境中投入"沉浸时间"来构建强大的心智模型。（人才培养专家请特别注意：如果在过短的时间内调整员工岗位或者业务领域，员工就会缺少足够的时间掌握每个新环境的核心动态因素。）

我们不可能对每个商业领域都具有出色的模式识别能力。

你必须让自己沉浸在特定领域——像市场营销这样的商业功能、快消品等行业或者政府关系这样的利益相关者环境。也就是说，你需要认真思考自己希望掌握适用于哪些领域的战略思维，这样才有足够的沉浸时间和训练去培养卓越的模式识别能力。

培养模式识别能力的另一个方法是和"专家"紧密合作，建立类似师徒的关系。寻找机会观察擅长模式识别的人是如何工作的，向他们学习，学会像他们一样思考。但是光靠观察还不够，因为我们需要尽可能了解专家的内在思考过程。因此，你需要和他们讨论。当然，这得建立在他们愿意付出时间和你讨论的基础上。在讨论的过程中，你可以参考以下问题：

- 你认为最重要的模式或信号是什么？
- 和以前出现的场景或经历的事情相比，你看出它们之间有哪些联系？
- 这次的场景或问题有什么新特点吗？如果有，是什么？
- 你对你的结论有多大的信心？
- 你会在哪种程度上继续精进你的思考，调整你的方法？

第一项修炼
模式识别：洞察即力量

此外，刻意培养好奇心，撒下一张信息源大网，也有助于提高模式识别能力。心理学家发现，仅仅是好奇心就能激发探索、发现和成长的欲望。[12] 当你需要深入了解一个微环境的细节时，好奇心会发挥作用，让你避免错过细节。

　　关注趋势同样重要。例如，阅读新闻报道和研究，或者通过人脉圈获取信息，集中精力针对你发现的趋势提出假设。伍兹这样的管理者已经积累了几十年的经验，他们能够洞察重要的模式，但他们从未停止拓展知识，优化自己的心智模型。正如伍兹所说："你要具备吸收大量数据点、定性动态和经验的能力，并学会捕捉其中的各种联系，这样才能判断出你要为未来下多大的赌注。"

　　联邦快递创始人、前首席执政官、现任执行主席弗雷德·W. 史密斯在接受美国商业杂志 *Inc.* 的采访时也表达了类似的观点。史密斯在处理全球动态信息方面有一套方法，他把这套方法描述为：

　　同时从多个不同学科吸纳信息的能力，尤其是关于变化的信息，因为变化带来机会。有了这种能力之后，你可能会在阅读美国文化史时，对这个国家的人口发展趋势有一些认识。

史密斯谈到自己每天阅读近4个小时,阅读范围"涵盖一切"。他说:"从报纸到跟管理学和飞行理论相关的书籍,我都会读。我努力通过期刊了解最新的科技发展。我对未来很痴迷。"[13]

案例研究是提高模式识别能力的另一种有效方法。你可以通过学习各种类型的现实"案例"(对某个群体、事件、组织或行业的深入研究),思考案例中所描述的经验,从而吸取教训,建立强大的心智模型。研究表明,阅读纪实描述是一种非常有效的方法。[14]

模拟是另一种提高模式识别能力的有效方法。通过参加商业模拟等活动,把自己放置在现实世界遇到的情景中,能够提升你的态势感知、模式识别,甚至战略规划及执行的能力。模拟对心理过程训练非常有效,能够提高批判性思维、战略思维和决策能力。

良好的反馈也是培养模式识别能力的强大工具。研究表明,人们在完成任务后,如果能够获得关于其表现的详细反馈,他们就能够快速找到速度和准确度之间的最佳平衡点。[15]这是因为反馈提供了参考点,加强了线索和策略之间的联系,有助于优化心智模型,让你能够在信息不完整、环境不确定的情况下快速做出反应。通过反馈，企业高管也能够测试自己坚信的想法，进而克服那些经常导致糟糕决定和不良后果的认知局限及偏差。

总结

模式识别是战略思维的一个重要方面，有助于识别数据和信息中的模式和趋势，能够加深人们对业务、市场和客户的理解，帮助他们识别潜在的挑战和机遇。如果无法察觉业务关键领域的核心模式，你就无法专注于重要的任务并制定优秀的策略。因此，不妨通过沉浸、观察、提炼这三个步骤来锤炼你的模式识别能力。下一章，我们将探讨"系统分析"如何提高模式识别能力。

模式识别清单

本书每一章末尾都有一个清单，用于总结本章关键内容，帮助读者培养各个维度的战略思维。

1. 你最需要培养模式识别能力的领域有哪些？
2. 你有什么沉浸在这些领域中以优化心智模型的最佳方法？
3. 你可以通过什么方法来提高模式识别能力，比如模拟，与专家合作，或者获得反馈等？
4. 你该如何培养好奇心，跟上当下的新趋势？
5. 你该如何培养觉知能力，更好地察觉那些容易让你陷入认知偏差的弱点？
6. 你该如何消除偏见，提高批判性思维能力？

拓展阅读	丹尼尔·卡尼曼：《思考，快与慢》 罗森维：《光环效应：商业认知思维的九大陷阱》 卡罗琳·E. 然博基、加里·克莱因编辑：《自然决策》(Naturalistic Decision Making)

第二项修炼

系统分析

系统分析旨在建立与复杂领域（例如企业所处的竞争环境）相关的心智模型。创建系统模型的过程包括：（1）将复杂现象分解为一系列组成要素；（2）理解这些要素如何相互影响；（3）利用以上信息构建能够合理反映商业世界中最重要的因果关系的模型。

在内部层面上，系统分析能让你识别组织内部不同部分（功能、流程和系统等）之间的相互联系和依存关系。通过了解组织内部各部分之间如何相互影响，你能够发现组织发展的机会，并制定优化组织表现的策略。

在外部层面上，你可以运用系统分析了解组织所处的环境。通过分析组织如何跟客户、供应商、竞争者和政府等外部因素相互作用，你可以识别发展机会，并制定有效策略来利用这些因素。

什么是系统分析?

系统分析是一种全面的分析方法,它不是孤立地关注系统的各个要素,而是聚焦于各要素之间的联系和相互影响。系统分析的基本理念是:系统各要素的相互影响将决定系统的整体行为。某个系统组成部分发生变化,可能会对其他部分产生级联效应。因此,系统分析是一套用于解决复杂问题的宝贵工具。在做出决策的过程中,系统分析也有助于思考不同决策的潜在影响以及不同行动方针的结果。

专注于思考什么是最重要的因素会带来认知负荷,系统模型能够减少这种认知负荷,从而提高你的模式识别能力。因此,你能够更快地"发现"新出现的挑战和机遇,从而更高效地预计这些挑战和机遇的影响,并制定策略,让系统动态以预期方式演变。

对研究全球气候的科学家以及希望预测全球经济动态和发展的经济学家来说,系统分析是一项必不可少的工具。这些现象作为整体过于复杂，超出了人类的理解范围。因此，有必要把它们分解成多个子系统，并围绕这些子系统独立构建模型。因此，气候科学家需要创建大气、海洋、冰冻圈（被固态水覆盖的区域）和生物圈等模型。科学家在创建这些独立的子模型（每个模型都由多个要素组成）之后，可以单独使用它们，也可以把它们组合起来，对全球气候进行有效预测。[1]在气候学和经济学的建模中，由分析算法及模式识别算法驱动、基于计算机的系统模型，拓展了人类在共生关系中的影响范围，也提高了人类的影响力。

工程师使用系统模型由来已久，他们通常通过计算机辅助建模来设计复杂的产品。这些模型能够捕捉并行流程及顺序流程，以便最大限度地提高产量和生产率（例如，通过降低库存成本）。

此外，产品开发专业人员在设计过程中会使用"建筑"模型。高科技产品过于复杂，作为整体来设计较为困难。自动化程度越来越高的自动驾驶汽车就是一个例子。自动驾驶汽车的组成部分十分复杂，除了引擎、传动系统、底盘等传统部件，还有传感器、执行器、处理器和算法。人们将自动驾驶汽车作为一个系统进行设计。这个系统由许多要素组成，只要所有要素都遵守特定的接口规格，专业人员就可以先将各个要素分开处理，再将它们组合成一个整体。

思考：

以前你了解系统分析吗？你有将系统分析应用于工作的经验吗？如果有，这个方法有用吗？

系统分析为何如此重要？

如果想更加高效地运用战略思维，你可以学习创建系统模型，提高你的模式识别能力、预测能力、战略制定能力、决策能力，并更快地采取行动。这些模型可以是在计算机上运行的正式模型，但通常来说，它们都是在你的头脑里"运行"的心智模型。

你可以将生产过程、组织、行业和经济等多个相关业务领域构建为系统模型。对企业管理者来说，至关重要的一点是，要利用系统分析去理解组织的内部动态，从而塑造组织外部环境的经济、政治和社会力量。

我们的大脑天生就会尝试把复杂的问题分解为不同的部分，从而降低任务的难度。认识这些独立的要素，了解它们如何构成整体，如何相互影响，是一项重要的技能。如果无法做到这一点，那么这世上发生的事情可能会让你有"情理之中"的"意料之外"的感觉。

举个例子，2021年3月，一艘如摩天大楼般庞大的巨型货轮"长赐号"在苏伊士运河搁浅了6天。这场不幸的航运事故迅速导致供应链中断，全球贸易被打乱。由于这起运河"堵船"事件，全球每天损失90亿美元的贸易额，约相当于每小时4亿美元或者每分钟670万美元。[2] 即使在苏伊士运河畅通之后，全球贸易流量也花了数周才恢复正常。

为什么会发生这种事呢？全球贸易是一个错综复杂的系统，这个系统也出乎意料地脆弱。人们不懈地追求经济效率，尤其希望最小化库存成本，这导致原材料和各种零部件需要跋山涉水，从各地被"及时"运输到目的地，进入下一个生产阶段。

在稳定的情况下，这个系统能够顺利高效地运转。然而，它是脆弱的，即便是毫不起眼的差错也能将它击溃。由于整个系统的松弛度和冗余度极低，小差错也能产生多米诺骨牌效应，引发更多严重的问题。移动数据公司Anyline首席执行官兼联合创始人卢卡斯·金尼加德纳认为:"我们的供应链是工业的动脉,在当天交货和'准时'库存的时代,就算一个小堵塞也能引起……全线崩溃。"[3]

长期以来,全球供应链系统的分析人士一直认为,轻微的干扰也会造成严重的后果。尽管无法明确指出起始事件,但分析人士知道,国际贸易很容易受到"级联系统故障"的影响,也就是说,一个小问题就会导致其他地方发生故障,引发更多问题,甚至可能导致系统崩溃。[4]然而,很少有公司会增加其供应链系统的冗余度,因此大部分公司无法避免上述影响。

尽管我们无法预知苏伊士运河发生堵塞的确切原因、地点和时间,但我们早就知道全球贸易系统的关键运输环节有可能受到干扰。从这个案例中,我们可以进一步看到系统分析对应急计划的支持作用。我们无法准确预测即将发生的危机,但我们可以预测可能影响我们业务的各种金融、生态、社会和政治灾难。制订危机计划能够应对潜在的问题,这些洞察为计划的设计提供了坚实的基础。

想想新冠疫情的系统性影响是如何演变成全面的经济危机,导致生产停滞、消费市场和消费者信心崩溃的。精明的投资者熟知市场应对压力的方式,并预测到新冠疫情将产生什么后果。他们迅速意识到，疫情反而会让一小部分公司得到发展。例如，新冠疫苗让一部分医药企业获得发展，远程办公这一变革让科技巨头收割了一波利润，各地的封锁政策让线上零售商获利。

敏锐的投资者利用这些洞察，迅速把钱从旅游业等容易遭受冲击的行业转移到潜在的赢家那里。比尔·阿克曼是对冲基金潘兴广场资本管理公司的掌舵人。由于新冠疫情导致经济陷入停滞，阿克曼看准2020年的保险费会增加。于是，他凭借2 700万美元的投资，获得了26亿美元的回报。[5]

系统分析是管理复杂性、聚焦注意力以及采取行动的有效工具。我们的世界本就充满不稳定性和不确定性，而当今世界比以往任何时候都更加动荡和复杂，其中的风险和不确定性导致信息过载。系统分析能够帮助你快速排除干扰，识别重要和不重要的东西。用杰克·韦尔奇的话来说，如果做得好，系统分析能够帮助你"审时度势"，并让你具备所需的洞察力，将潜在的破坏性转化为组织的优势。

思考：
你的组织面临的哪些挑战是可以用系统分析来解决的？

如何进行系统分析？

系统模型有三个组成部分：要素、互联（或"接口"）以及目标或功能。如果想更好地理解这个概念，可以思考一下如何把你的组织建模为一个系统。为了让企业获得成功，你必须将各种不同的职能和人才整合为一个整体，而这个整体的力量必须大于各组成部分之和。凯瑟琳·巴赫·卡林曾经是一位人力资源总监，现在是多家公司的董事会成员。她表示："在人员、职能和流程之间建立联系至关重要，需要更广泛地看待企业和机会。你必须全面了解如何管理一家企业，并明确每个职能所需的资源。"

从 20 世纪 70 年代起，人们开始把系统分析应用于组织设计。1978 年，当时的沃顿商学院教授杰伊·加尔布雷思首次发表了他的组织系统星形模型。[6] 1980 年，咨询公司麦肯锡发布了"7S 模型"。这两个模型是相似的。加尔布雷思将组织分为 5 个相互关联的星形要素：战略、结构、流程、奖励和人员。麦肯锡的 7S 模型将组织系统分为 7 个要素：战略、结构、系统、员工（人）、风格（企业文化）、技能和共同价值观（企业宗旨）。[7]在这两个模型中，加尔布雷思的星形模型经受住了时间的考验，现在仍然有很多企业管理者在使用这个模型。或许是因为星形图在视觉上更吸引人，而且5个要素比7个要素更好记。

我对加尔布雷思的星形模型做了调整，我的版本如图2-1所示。我把"战略"扩展为"战略方向"，还加入了决策、能力、考核、系统和一个新元素——文化。

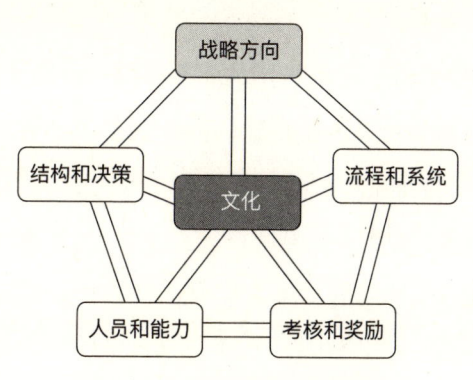

图2-1 加尔布雷思星形模型调整版

- "战略方向"指组织的宗旨、愿景、价值观、使命、目标和战略。战略方向让人们明白需要完成什么任务，如何完成这些任务，让他们因成为旅程的一部分而感到兴奋。

- "结构和决策"旨在阐明如何将人员组织成部门和小组，如何协调他们的工作（例如设立跨职能团队），以及确定决策者。
- "流程和系统"指材料和信息的流动。组织流程在内部横向运行，这是完成工作、创造价值的方式。企业通过系统实施控制，采取一致的行动，例如战略规划和成本预算。
- "人员和能力"是人才和组织的核心竞争力，包括通过雇用数据科学家、投资分析工具、支持数据平台等建立数据分析能力。
- "考核和奖励"是组织评估员工表现、激励员工的方式，包括报酬和表彰、晋升等非金钱奖励。
- "文化"指组织内部成员共同享有的一套价值观（我们在乎什么）、理念（我们坚信的真理），以及塑造人们行为的规范（我们做事的方式）。

为什么要把组织想象成一个系统？因为这样做你能够识别并设计每个要素。在此基础上，你可以用6个要素中的任何一个来推动组织变革。你也可以制定新的策略或重新调整组织架构，实施新的工作流程（这是数字改革的基础要素），或者引入具有不同能力的人才。

采取这些行动的时候，你必须了解某个要素的变化将如何影响其他要素以及系统的整体状态。为什么？因为组织系统需要其要素之间具备"适应性"或一致性。战略和结构等要素之间的不协调可能导致系统失效或者组织表现不佳。

不妨想象一下，你的新战略核心是打造一个以客户为中心的组织。如果在决策过程中你不能综合考虑不同因素，或者缺少理解客户所需的流程和数据，那么你的战略不可能成功。因此，当你决定为企业制定新战略时，你必须考虑如何改变组织的其他要素。

识别杠杆点

为业务领域建立系统模型还可以帮助你识别潜在的杠杆点。杠杆点位于系统内部，指能够创造重大变革的适度调整。

我们再回头看前面的组织系统模型，你会发现文化处于中心，这是因为文化受到其他要素的影响。不同要素可以通过以下方式影响文化：

- 战略方向的宗旨、展望和价值观。
- 结构和决策的层级数量、汇报关系以及决策维度。
- 流程和系统塑造的"工作方式"。
- 最有影响力的人员的背景和能力。
- 由组织考核和奖励产生的激励。

现在,假设你希望改变组织的文化。了解其他要素对文化的影响,有助于你识别应该着力的杠杆点。例如,如果要改变行为,你就必须从目标行为的角度来定义你的目标。接着,你需要改变影响员工行为的人力资源系统(招聘、入职、绩效管理、员工敬业度、学习及职业发展)以强化这些系统。

关注限制因素

系统模型的另一个用途是识别限制因素或"绑定约束"。《第五项修炼》是一本对组织学习产生了重大影响的著作,作者彼得·圣吉认为,"增长极限"分析是系统分析的经典方法。[8]

增长极限分析的基本概念是：组织的发展能力受制于对最稀缺的关键资源的限制。这就像分析生产过程中的瓶颈问题：无论在生产流程的其他部分投入多少时间和资源，如果瓶颈问题得不到解决，产量就会受到限制。这也被称为"约束理论"，由艾利·高德拉特在其著作《目标》中提出。[9]

另一个相关理论来自项目管理。在项目管理中，制约项目速度的因素是完成最耗时的关键任务所需的时间。认识到这些系统中的限制因素、瓶颈问题或关键路径，你就会知道把精力集中在什么地方才能释放能量，促进增长，提高生产力，减少实现预期目标所需的时间。

认识到反馈回路的影响

除了杠杆点和限制因素，了解组织系统是否有稳定的反馈回路也很重要。现在我们需要认识两个系统分析的概念：状态和平衡。系统状态指系统最重要的变量在特定时间的状态。如果某个系统的状态保持稳定或仅在预期范围内波动，这个系统就是平衡的。当一个系统的输出变成输入，并循环回到系统的时候，反馈回路就产生了。

在许多情况下，系统稳定是好事。我们回到自动驾驶的例子，想象那个让汽车以恒定的期望速度行驶的子系统。如果汽车开始下坡，突然加速，反馈系统就会触发引擎的相应功能来减慢汽车的速度。同样，如果汽车减速到超过设定范围的数值（也许是因为汽车开始上坡），系统就会产生更多的动力。通过这种方式，尽管汽车速度会在特定的范围内波动，但汽车能保持相对稳定的速度。

我们需要认识到组织在哪些方面最需要反馈以维持绩效。例如，从反馈的角度思考组织的财务控制是一个有效的方法。如果财务表现不佳，你肯定希望及早发现这一点。意识到问题后，你就能将注意力集中在问题上，并采取纠正措施。关键是要确保：（1）专注于测量那些能为即将发生的问题提供早期预警的事物；（2）该系统具有反馈机制，能够正确引导注意力，激发纠正行动。

然而，具有稳定性以及支撑稳定性的反馈回路有时候并非好事。例如，在领导组织变革的过程中，推动变革的努力通常会遭遇抵制变革的反作用力。这类"制约力量"包括刻板思维、对改变的恐惧、相互冲突的激励措施和组织文化。

这些因素在"平时"或许有助于维持组织的稳定性和生产力。然而，当组织需要转型以迎接新的挑战时，这些力量就可能变成严重的阻碍。因此，只有解决这些绊脚石，组织才能进入更新、更好的状态。

警惕非线性因素及引爆点

最后，系统动态通常具有重要的非线性因素及"引爆点"。在一个线性系统中，改变输入会让输出相应改变。想象一下，把脚踩在（非自动驾驶）汽车的油门上。当你对踏板施加一定的压力时，汽车的速度就会相应变快。如果施加双倍压力，速度也会加倍，这是一个成比例变化的过程。现在，想象你的汽车油门以非线性方式工作。你的脚轻轻一压，汽车的速度提高10%。你再施加同样的压力，它的速度提高100%。你又施加同样的压力，但这次速度提高了1 000%。不难想象，在这种情况下汽车多么容易失控并导致车祸。

另一方面，系统中的非线性有时候表现为：你施加一定的能量以改变系统，却得到递减的结果。想象一下，你对汽车制动踏板施加一定压力,产生的效果却是递减的。你轻轻踩了一下制动踏板,汽车稍微减速;当你用更大的力踩制动踏板时,影响却越来越弱。最后,你踩死制动踏板,车仍然没有停下来。在商业领域,员工因为低于标准水平的薪酬而选择离开,你却还在投入资金改善办公条件,这时收益就会递减。你如果已经提供了一个较为舒适的工作环境,或者实施弹性的居家办公政策,额外增加一张星巴克礼品卡也不会有太大影响。因此,你必须警惕组织系统中潜在的非线性因素。当超过某个点之后,细微的变化也可能产生预期以外的负面影响,或者导致收益递减。

另一方面,当已经变得相当线性的系统达到关键阈值时,就会出现引爆点,超过阈值,变化会急速、非线性且不可逆转地发生。气候变化是最恰当的案例。科学家担心,一旦到达引爆点,地球的气候将急速恶化。

其中一个气候引爆点就是两极冰川融化。白色的冰川向太空反射了大量的太阳辐射。冰川融化时,白色的冰将被下层颜色较深的土壤或水取代,这些土壤或水吸收了更多阳光的热量。这个过程又加快了冰川融化和全球气温上升的速度。随着两极变暖,另一个气候引爆点就会出现:科学家担心,永冻层一旦融化，目前被封在里面的大量的二氧化碳和甲烷（一种影响更大的温室气体）就会被释放到大气中。一旦发生这种事，全球气温就会进一步上升，气候系统可能突然出现不可逆转的巨变。

值得庆幸的是，组织变革远不如气候变化那么复杂（或具有如此巨大的潜在灾难性）。组织系统中的引爆点甚至具有积极的一面。事实上，一旦你在组织变革中取得足够大的进展，阻止内部变革的力量就会减弱或消失。曾经主动或被动尝试阻止变革的人可能会离开组织，或者接受变革，并决定如何与变革共存。

思考：

通过以上讨论，你是否开始用不同于以往的方式来思考组织变革？这么做有收获吗？

如何设计自适应组织？

除了建模和预测，你还可以利用系统分析来设计核心流程。新冠疫苗就是其中一个例子。几十亿支疫苗被生产出来后，以极快的速度被运送到全球各地。一支辉瑞-BioNTech新冠疫苗含有280多种成分，需要来自19个国家的25家供应商互相配合才能生产出来。[10] 这是科学、医药研发和供应链管理领域的一次胜利。

设计合理的系统具有自适应性，能够识别正在浮现的风险（和机会），并对自身进行相应的调整。许多公司业绩不佳或倒闭，原因在于它们变得过于官僚主义或故步自封。当风险和机会出现时，未能及时发现并采取相应的行动。

我和阿米特·S. 穆克吉（《数字时代的领导力》的作者）共同开发了一套方法，能够帮助你进一步理解刻意的系统设计如何帮助你提高组织的自适应性。先问自己几个基本问题：组织系统的关键要素是什么？如何连接这些要素？最重要的反馈回路是什么？你的组织设计可能产生什么影响？正如穆克吉在其书中所强调的，自适应性的基础是发现变化并采取相应行动的能力。如果无法发现或无法及时发现变化，你的组织就无法看到风险，也无法发现机会。等你意识到的时候，已经太晚了。[11]

察觉风险

现在我们来关注组织如何察觉风险并采取相应的对策，这个思路也适用于识别潜在的机会。首先，你的组织需要一个风险识别子系统（见图 2-2），用于凸显变化，帮助你识别潜在风险。这个子系统必须能够发现重要的模式，分辨出哪些是需要行动的"真实"信号，哪些是背景噪声。否则，你要么会错过重要的信号而无法做出必要的反应，要么会发现错误的信号而反应过度。

图 2-2 风险识别子系统

这个子系统极其重要。为了掌握外部（社会、监管、竞争性因素）和内部（组织）环境，识别潜在风险，激发人们做出反应，组织需要付出巨大的努力，而风险识别子系统涉及这些努力的方方面面。人力资源关注员工敬业度和留任率，政府关系专员关注监管政策和法律法规的发展，对外联络团队负责监测社交媒体动态，战略分析师专注于竞争对手的行动，等等。

你的组织可能已经具备诸多有效的风险识别要素。然而，你还应该做出以下评估：（1）各要素是否能够快速高效地识别重要模式并提供反馈；（2）这些输入是否得到正确的整合与解读；（3）组织内部各识别系统之间是否存在分歧，这些分歧是否会导致不良后果。

当出现未被识别的风险时，你的组织是否会被打得措手不及？又或者你已经发现这些风险，但为时已晚？风险识别子系统有时候失灵是因为系统预测到会有危机，却没有识别出来。当信息孤岛阻碍了信息和洞察的整合，或者公司的奖励机制导致员工做出错误的行为时，风险识别子系统就会失效。很多企业的失败都是由于系统设计存在缺陷，导致出现可预料的意外。

应对危机

毫无疑问，无法预测的意外或晴天霹雳总是在所难免。

如果这些意外足够严重，就会引起危机，而你和你的组织必须有效应对这些危机。因此，危机管理能力是自适应组织的第二个关键子系统。通过这个子系统，组织就能够行动起来，减少潜在的伤害。这个子系统通常包含一套独立的组织结构和流程，让企业从"常规状态"转入"战时模式"。这通常意味着要实施更加集权化的控制，以确保采取迅速、一致的反应措施。良好的危机管理系统应该配备随时可用的资源，例如，包括随时可用的通信协议及脚本等内容的模块化应对方案。[12] 良好的危机管理系统也应该是模块化的，例如，应包括预设通信脚本、设施封锁或撤离协议等。

从经验中学习

当你的组织经历危机之后，除了恢复日常业务，你还需要投入一定的时间进行复盘。同时，你需要准备好学习内容和流程，提炼和分享你学到的知识，从而强化组织的风险识别和危机管理子系统，为未来做好准备（见图2-3、图2-4、图2-5）。这种做法类似于美军的"行动后学习机制"。如果一名指挥官手下的团队参加了作战行动，指挥官事后需要反思和学习这项行动。所有复盘经验都被纳入"军事教训学习中心"数据库，以支持军官培训。[13]

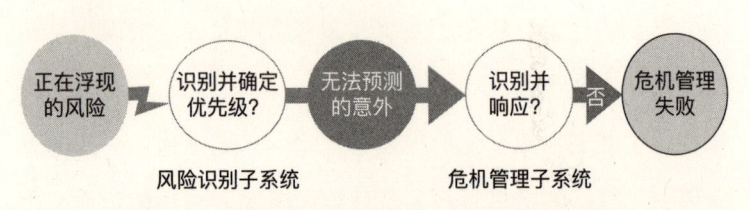

图 2-3　风险识别子系统与危机管理子系统之间的联系

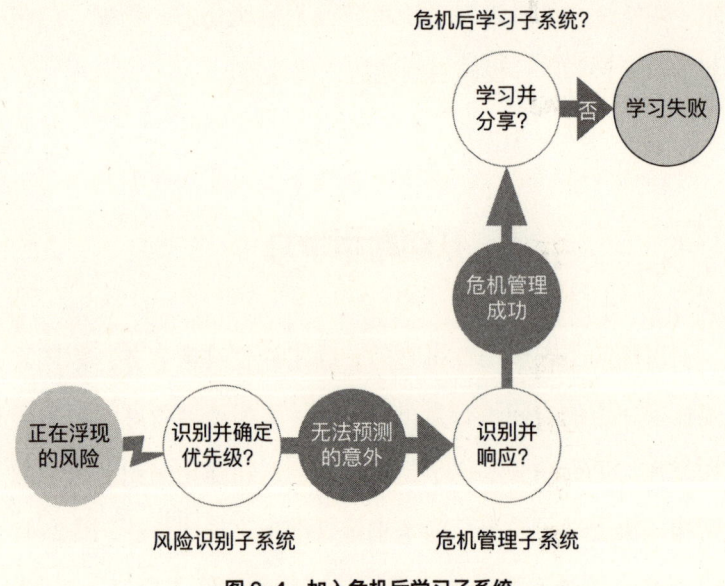

图 2-4　加入危机后学习子系统

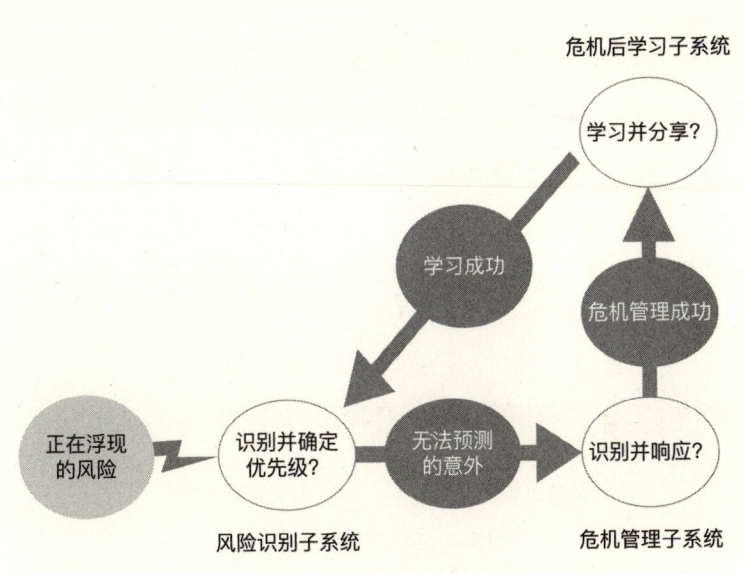

图 2-5　危机后学习子系统如何促进系统内部其他子系统

防患于未然

那么，当组织的风险识别子系统成功完成任务，识别出正在浮现的风险后，什么事会发生？你的企业在多大程度上做到不仅能发现隐患，还能积极应对，防止出现危机？你的组织需要有一个能够主动采取行动的防范问题子系统（见图 2-6），以避免组织陷入被动状态（因一个本来可以避免的问题没有得到解决，导致一场危机）。

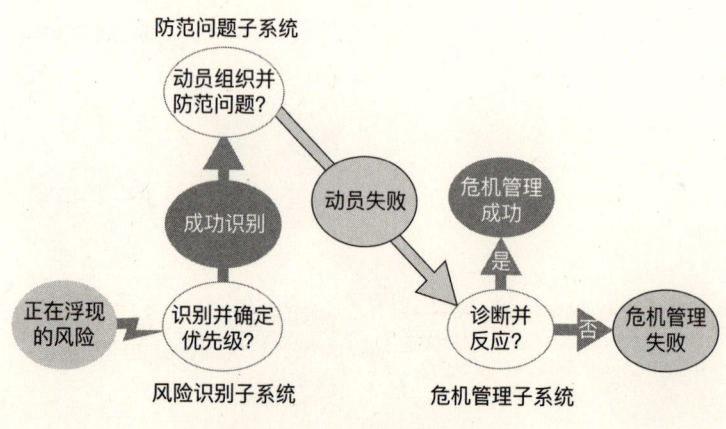

图 2-6　加入防范问题子系统

总之，一个能够感知内部和外部的现状并有效响应现状的自适应组织，需要包括四个不同但相互联系的子系统（见图 2-7）：

- 风险识别：识别正在浮现的风险，并优先应对这些风险。
- 危机管理：识别危机带来的意外，并做出反应。
- 危机后学习：反思危机，并分享学到的经验教训，避免未来出现不必要的问题。
- 防范问题：调动资源并采取行动，避免可以识别并优先处理的风险演变成更严重的问题。

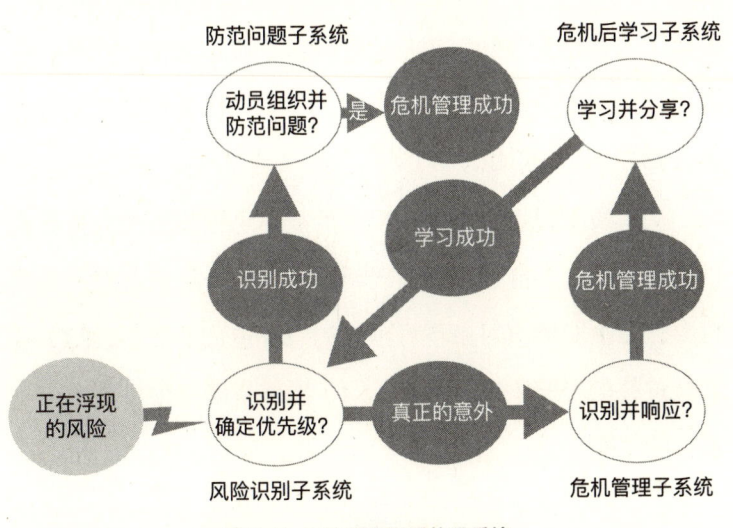

图 2-7　四个相互联系的子系统

如果能合理设计这些子系统，让它们产生预期的相互影响，组织应该就可以在这个日益动荡的世界里蓬勃发展。

我们前面关注了组织如何应对风险，同样的逻辑也可以被用于识别潜在机会，并做出反应。除了应对问题的能力，真正擅长战略思维的人也具有"发现"机会的能力。

要抓住机会，首先需要识别机会。如果发现了有望带来成功并具有时效性的机会，你就必须迅速抓住它们。在这种情况下，如果能获得成功，你就能从众多竞争者中脱颖而出，成为市场管理者。假如你追求机会的努力（如发布新产品）失败了，你也需要让组织从这些经验中吸取教训。此外，你需要让组织学会利用各种不起眼的机会，将其作为日常工作的一部分以促进组织发展。

从本质上说，一个具备出色的战略思维能力的人也具有以下能力：（1）能够利用模式识别和系统分析来发现挑战和机会；（2）能够应对由不可预知的意外造成的危机；（3）能够从过往的经验中吸取教训；（4）能够持续打磨自己防患于未然的技能。

思考：

提高组织适应性的最大机会有哪些？你将如何抓住这些机会？

系统分析有哪些局限性？

只有捕捉到某个领域的本质特征和内部动态，系统模型才有作用。这就是模型的"保真度"。低保真度的模型要么缺少关键变量，要么捕捉不到基本动态。系统模型的好坏与你创建模型时的设想有关。模型过于简单，可能产生错误猜测，造成不良影响，甚至导致意料之外的严重后果。

因此，认识到模型的局限性至关重要。尽管没有一个模型能够百分之百精准反映其代表的领域，但好的模型和它代表的领域具有显著相关性。只有及时获取准确完整的信息，才能做出准确的预测。人类大脑偏好简单、线性的因果链。不过，线性模型并不适用于非线性系统，也不适用于系统动态出现引爆点的情况。同样，如果出现棘手的意外问题，我们的模型就可能遭遇严重失败。

此外，你看不到的变化也能引起严重的问题，使用过时的模型还不如完全不用模型。因此，在这个业务快速变化的时代，需要随时注意是否有必要更新或放弃旧模型。要做到这一点，光靠学习新信息还不够，你必须完全忘却那些过时的模型。只有这样做，你才能发现或者创建一个更符合你的目标的新模型。最终你就能养成新的思维习惯，并努力避免回到旧的思维方式。

如何培养系统分析能力？

和大多数值得做的事情一样，提高系统分析能力并非易事。据估计，世界上 95% 的人不具备系统分析能力，因为他们都依赖简单的因果链去解决问题。[14] 能够看到大局的人如此少，更加凸显了拥有系统思维的人所拥有的战略优势。不少人在学校期间就已经掌握了系统分析的基础知识，尤其是工科或理科学生。不过，即使没有受过训练，你也不用灰心。事实上，你可能已经接触过系统建模，只是你不把它称为系统建模。回忆上学的日子，当时你正在学习水循环的知识：蒸发、冷凝、降水和蒸腾。实验证明，低龄儿童能够快速培养系统分析的能力。[15]

界定系统的边界是建模的第一步。边界能提供明确性，并降低复杂性。但如果边界太窄，你可能会漏掉潜在的连锁反应。相反，边界过宽也会产生问题，比如，最相关的见解可能会被淹没在大量数据中。在这个问题上，没有放之四海而皆准的解决方案。边界的界定需要具体问题具体分析。

第二步是仔细思考发生了什么，为什么会发生，以及是如何发生的（A引起B，C引起A，等等）。通过这样做，你能够洞察复杂系统的表现，并可能因此成功实现变革。学习从系统角度进行思考（并预测未来），一个绝佳的方法是绘制因果回路图，从视觉上呈现不同要素之间的联系。因果回路图能够加深你的理解，并帮助你更好地测试你的心智模型。你也可以请同事提出意见挑战你的假设，让你的模型变得更加严谨。

第三步是评估系统是否存在可以解决的限制因素。例如，领导层是否有可能同意增加一小笔额外的投资来培养一项必要的能力？接下来，你需要思考各种不同的方案，并使用模拟、实验或原型等方法来评估这些方案的潜在有效性。经过评估，你就可以做出决定。如果方案失败了，擅长战略思维的人会对这个过程进行迭代，直至达到预期结果。

然而，在一个日益复杂的世界里，要做出可靠的预测极其困难，甚至是不可能的。你的目标不应该是预测公司未来的全部可能性。相反，在今天这个充满脆弱性和模糊性的世界里，评估不确定性本身的能力更重要。通过评估不确定性，你将获得一个重要的视角，将你的直觉训练得更加敏锐，从而帮助你做出更好的选择。

最终，你将通过实践磨炼你系统分析的能力，商业模拟是一种很好的工具。模拟提供了一个可管理的复杂环境，你可以在其中安全地进行实验并深入了解因果关系。而且，与现实世界不同，如果第一次失败了，你可以退回去重试。

总结

系统分析建立在模式识别能力的基础上，是战略思维的修炼之一。通过系统分析，你能够建立起企业所处领域的简化模型，帮助你更好地应对复杂性。为组织建立系统模型，你可以更精准地思考各种关键要素以及要素之间的相互作用，更好地识别问题和设计解决方案。下一章我们将探索支持建模并帮助你制定策略的第三项战略思维修炼：心智敏锐度。

系统分析清单

1. 你的业务里是否有复杂且难以理解的领域？如果是，

为它们建立系统模型有用吗？

2. 将你的组织视为一个系统是否有助于你理解基本动态、识别问题并推动变革？

3. 当你思考自己正在处理的系统时，关键的杠杆点、限制因素和反馈回路有哪些？

4. 你能否利用系统分析提高组织的适应性？

5. 如何提高你在组织中应用系统分析的能力？

> **拓展阅读**
>
> 彼得·圣吉：《第五项修炼》
>
> 史蒂文·舒斯特：《11堂极简系统思维课》
>
> 德内拉·梅多斯：《系统之美》

第三项修炼

心智敏锐度：层级转换与博弈取胜

要成为一名出色的战略思考者，你必须灵活地驾驭业务的复杂性，持续吸收新信息，并专注于最相关的内容。模式识别和系统分析是帮助我们制定合理的战略，并根据环境变化调整战略的基础。而修炼心智敏锐度则可以帮助我们进一步提升这些能力。面对日益加剧的复杂性、不确定性、脆弱性和模糊性，我们要不断反思推动组织前进的最佳方法，这种能力就是心智敏锐度。

心智敏锐度依赖于两种相互补充和促进的认知能力。第一种是层级转换的能力，即使用不同层级的分析探索具有挑战性的业务情况的能力——既能看见树木，也能看见森林；既能预见这些业务未来的发展，也能洞察它们当下的含义，同时能够有意识地在不同层级之间自如切换。

心智敏锐度的第二个核心能力是博弈，即专注于你的企业需要玩的"游戏"，对其他智能"玩家"的行为做出预测，并将"玩家"作为一个因素纳入战略制定。你采取的每个行为都会立即引起客户、供应商、竞争对手、监管机构等的反应。假如你发布了一款新产品，你的竞争对手会有什么反应？假如你正在收购另一家企业，监管机构会提出什么反对意见？假如你引入新的激励系统，你的销售团队会有什么反应？

层级转换和博弈的结合有助于你快速识别正在浮现的风险和机会，并采取行动。

学会层级转换

层级转换是从不同的分析层级看待同一状况的能力；先从"5万英尺[①]的视角"看问题，再"近距离观察细节"，接着转回高空视角。这种能力是战略思维的基本要素之一。吉

[①] 1英尺=0.304 8米。——编者注

恩·伍兹说过：

> 我告诉我的团队，我们必须成为"从云端到地面的思考者"。如果不知道你的组织内部正在发生什么事，也不清楚这些事对当下的工作具有积极还是消极的影响，你就无法制定战略。我每次在和团队探讨战略时，经常从云端到地面来回切换视角。

同样，层级转换让我们在关注未来的同时也能够思考当下的问题——这是一项关键的技能组合。以下是一家全球医疗保健企业的前人力资源总监的解释：

> 在领导一家企业时，你可能很容易陷入日常琐碎事务。因此，你必须保证有大量时间思考未来，做一些有助于企业实现目标的事情。

层级转换能够帮助你从多个互补的角度探索挑战和机遇，审视各个角度，并吸纳他人的观点做出更好的决策。最优秀的战略思维使用者能够自由穿梭于各个分析层级。他们既能够深入研究问题，确保负责细节的人都尽到自己的责任，又能够从细节中抽离出来思考全局。

重要的是，他们知道什么时候应该从某个层级切换到另一个层级。就像伍兹说的：

你需要知道什么时候应该站在云端，什么时候该回到地面。在地面待太久的话，你会陷入细枝末节。但如果在本应回到地面时你却还在云端，你就不会对组织有足够的洞察力来制定战略。因此，你必须知道自己正确的飞行高度。

不懂得转换思考层级的人，无法真正掌握战略思维。正如陶氏化学前首席执行官迈克尔·帕克所说：

我认识很多才华横溢的人，他们的智商都比我高很多，但他们无法成为成功的管理者。他们能说会道，博学多才。尽管他们懂得很多高层次的知识，但他们不知道系统底层正在发生什么。[1]

在培养和利用这套技能的过程中，你也要带上其他人。

你在不同层级之间转换的速度越快,就越可能让你的团队成员感到困惑。一位制药公司的新任领导表示,她的"放大能力"变化过快,有时候会对自己以前写的报告进行"心理鞭笞"。层级转换能力对她的成功至关重要。她很擅长展望未来和制定战略,但她也需要了解公司的药物、能够受益的患者、愿意开处方的医生等重要细节。但她的员工无法跟上她在不同分析层级之间转换的步伐。她说:"我学到了一点,当我准备转换层级时,我必须发出信号。"

思考:

你在多大程度上擅长层级转换?你倾向于陷入能够总揽全局的"云端",还是停留在充满琐碎细节的"地面"?

博弈及取胜

心智敏锐度中的博弈维度源自博弈论,也被称为"战略学"。它是关于制定战略,并赢得影响企业成功的"游戏"。这些游戏涉及聪明的参与者,如竞争对手,他们会通过"出招"和"采取对应行动"来推动自己的计划。在伍兹看来，担任企业管理者，"就像同时下很多局国际象棋。在企业的外部环境中，其他玩家包括政治家、监管者、竞争对手和客户。部分玩家受你控制，部分玩家受你影响，部分玩家是自由的代理人。但这些棋子时时刻刻都在动"。

商业游戏通常涉及合作和竞争。人们通过合作创造价值，通过竞争获取价值。如果其他玩家的目标和你互补，通过和他们结盟，你们就可以在游戏中创造价值。行业协会就是创造价值的经典例子：协会成员希望影响监管，最终让所有人都受益（尽管协会中经常存在目标不同的派别）。

相比之下，为了从一个经济价值固定的蛋糕中分得最大的一块，玩家之间会相互竞争，这就是价值获取。举个例子，在增长较慢的行业中，竞争者通常通过价格和市场营销等手段力争收益最大化。但即使是在竞争激烈的行业中，企业之间也会进行隐性（且合法）的合作。他们可能会抵制价格战，因为价格战会影响所有人的利润。

因此，战略思考者必须：

- 评估自己正在玩的是哪种类型的游戏。

- 认清所有玩家的身份以及他们在乎的东西。
- 识别通过合作创造价值和通过竞争获取价值的机会。
- 制定相应的策略。

应用博弈论概念

博弈论的数学基础已经被应用于诸多商业问题，如航空公司动态座位定价，并常常有复杂的解析法支持。不过，很多现实世界中的商业决策（还）不能用数学建模。尽管如此，博弈论的原理仍然是战略思维使用者的必备武器。

为了阐释博弈论的作用，请思考你可以如何利用博弈论概念来制定战略。第一个概念是先驱优势，源自对国际象棋等经典策略游戏的分析。在这类游戏中，玩家按顺序采取行动，因此需要有人先下第一步。先走一步的玩家有优势吗？在国际象棋中，答案是肯定的。研究人员发现，两名实力相当的玩家下棋时，下第一步棋的玩家具有天然优势，胜率为52%~56%。[2]

在商业领域，先驱优势通常指成为第一个进入新市场的人。随着时间的推移,他们能够获得更高的收入和利润,从而获得比竞争对手更多的价值。[3] 在任何游戏中,如果行动顺序很重要,第一个行动的人能够获得优势,那么先驱优势就是潜在的力量来源。当一个行业整合的时机成熟时,那些发展得好的公司通常会率先行动,进行最有吸引力的收购。这意味着如果你玩的游戏中存在先驱优势,你就需要尽早意识到这一点。

说到这里,我们又回到了模式识别的重要性。在组织内部,有时候第一个发现并阐明问题的人能够获得影响力。组织内部的决策过程就像河流:如果早期的流程能够帮助你发现不同的可能性,并评估各种可能性的成本和利益,那么这些流程最终会塑造那些解决问题的重大决定。当问题和解决方案被确定时,河道里的水已蓄势待发,因此,最终的结果可能是预料之中的。一个相关的微观层面的例子是,召集和组织团队追求共同利益的人,可以发挥强大的影响力。

当然,成为先行者并不总是最佳策略。有时候,成为"快速跟随者"反而更好。举个例子,假设你是一家医药企业研发部门的领导者,现在出现了一种新型分析技术,能够极大地加快药物的早期发现。然而,开发这项技术的投资是巨大的，而且这项技术未必能起到实际作用。此时，你有两种选择，你可以成为先行者，立刻投入资金开发这项技术，并且有可能获得竞争优势。你也可以成为快速跟随者，等待初创企业开发出这项技术，静观其变。然后，你要么收购其中某家公司，要么聘请人才为你的公司发展这项已经被证实有效的技术。

很多游戏的玩家不能或不想直接交流，但他们可能会间接发送信号。在大部分地区，竞争者之间就其商品或服务串通操纵价格是违法的。不过，企业通过涨价或降价向竞争对手发送信号是合法行为。

接下来，我们通过博弈论中的另一个重要概念"稳定平衡"进一步阐释这个问题。在游戏中，如果所有玩家都没有动机改变当前策略以创造和获取价值，这场游戏就进入平衡状态。[4] 现在，我们先想象一个处于稳定平衡状态的行业。这个行业的竞争者占有的市场份额和利润基本处于稳定状态，支撑这种状态的正是维持平衡的定价和产品开发策略。我们进一步假设，这个行业之所以处于稳定的平衡状态，是因为一旦有玩家打破平衡（例如通过降价来增加市场份额），他们就会受到严厉的惩罚。

现在，假设通货膨胀突然爆发，导致原材料和人力成本上涨，行业内所有公司的利润都受到侵蚀。毫无疑问，大家都应该上调其产品或服务的价格。但问题是：谁愿意第一个出手？其他竞争者又会有什么反应？当然，其中的风险显而易见。如果甲公司提高产品价格，乙公司为了获得更多市场份额，可能不会跟随甲公司涨价。因此，甲公司可以通过提高某类产品的价格发出信号，看看乙公司是否跟着涨价。如果乙公司跟着涨价，甲公司就可以让产品的价格更高，让整个行业达到新的稳定平衡。

正如前面提到的，玩家也可以发送信号制止其他玩家出损招儿。我们继续以定价的例子来说明问题。假设乙公司单方面决定降低某个重要产品类别的价格，从甲公司手中夺走该产品的市场份额。甲公司可以把自家产品的价格降得更低，让乙公司知道自己不怕损害整个行业的利润率。只要能够对乙公司构成威胁，引起乙公司对一场毁灭性价格战的恐慌，甲公司就能够阻止乙公司。

最后，发送信号也意味着做出不可逆转的承诺，有可能阻止其他玩家采取对你不利的行动。这是另一种形式的先驱优势。举个例子，假设你管理着一家大型电动汽车制造公司。

由于进入市场时间早，你已经获得稳固的地位，但越来越多的主流传统汽车制造商和私募资金投资的初创企业进入市场，你面临着越来越激烈的竞争。

设计和生产电动汽车需要大量的前期投资，如果其他竞争对手无法接受其中的风险，他们就不会投资。因此，你宣布你打算建设一家大型电池制造厂。接着，你开始收购土地，申请初步监管许可，与主要供应商签订合同，以此兑现你的承诺。如果能够让其他竞争对手相信你毫无保留地执行这个行动方针，你就能够改变他们的风险-收益评估，从而有可能阻止他们进行投资。

除了决定是否率先出招、如何出招，以及是否发送信号、如何发送信号，博弈论也关注游戏中不同招式的组合——排序。举个例子，假设你是一个业务部门的负责人，你正在为一项重大收购争取公司决策者的支持。公司自然需要对潜在交易进行评估和审查，但你也必须为你的议题争取"政治支持"。因此，你应该调动战略思维，想想哪些人是关键决策者，哪些人会对决策者的想法产生影响。接着，你就能确定一个有望带来成功的行动顺序，并按照这个顺序去跟利益相关者讨论收购的事情。在行动的过程中，你的目的是为你的预期方向造势。得到某位关键人物的支持,能够让你更轻松地获得其他人的支持。随着支持你的人越来越多,成功的可能性就会相应提高,你也就能更轻松地得到更多人的支持。

在上述例子中,你并非在和对手争输赢。事实上,大多数重要游戏都存在其他聪明的玩家,你可以与他们合作创造价值,也可以与他们竞争获取价值。因此,你必须考虑其他人会如何回应你的行为。

要进一步理解排序,可参考图3-1的"游戏树"[5],它能够有效帮助你厘清关于排序的思考。想象一下,你有一款产品,这款产品有一个主要竞争者,而你是市场的领先者,你正在考虑提高这款产品的价格。你需要决定是否宣布涨价。然而,在采取这一行动之前,你需要预计竞争对手的反应。比如,他们可能决定维持原价,也可能跟随你同步涨价。你应该思考他们有可能做出哪种反应,以及面对竞争对手的不同反应,你又该采取怎样的行动。你可能会尝试估计竞争对手行为的可能性:假设你认为他们有一半的概率会跟随你的步伐,那么他们做出这两种行为的概率都是0.5。接着,你需要评估,如果他们跟随你的步伐,除了利润增加,你还能获得哪些潜在收益。如果他们不跟随你的步伐,除了失去市场份额，你还会有什么潜在损失。

图3-1的游戏树阐释了这个过程。你在制定出招儿和反击的行动顺序时，需要选择能够最大化公司预期价值的顺序。

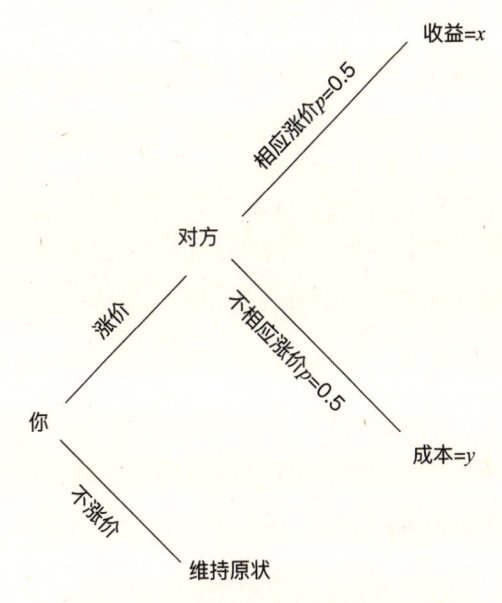

```
                         收益=x
                    相应涨价 p=0.5
               对方
          涨价        不相应涨价 p=0.5
      你                    成本=y
          不涨价
               维持原状
```

图3-1　考虑涨价时用于厘清思路的游戏树

在这个案例中，你预估竞争对手采取不同行为的概率是50%。假如对方涨价给你带来的收益大于对方维持原价给你带来的损失，那么，你这次涨价具有正期望值。期望值＝0.5×收益＋0.5×损失。假如收益＞损失，那么，期望值＞0。

你制定排序策略可以从当前所处的位置开始，绘制一条通往目的地的路径。在这个过程中，你要考虑其他玩家的可能反应。与此相反的是逆向归纳法，你需要展望未来，明确你的目标，并从目标倒推到当前，从而决定第一步怎么走才能取得最佳效果。顶尖的国际象棋棋手能预测棋局的结局，想象他们想要的棋局，并以此倒推，制订实现目标的最佳计划。[6]

另一项相关的训练是"阶段性规划"，这项训练同样利用了逆向归纳法的逻辑。阶段性规划的第一步是确定时长：你想要到多远的未来。在这个动荡的时代，如果你觉得自己可以规划两三年以后的事情，那是不现实的。另外，由于全球疫情、战争和严重的气候事件等诸多剧变，你可能不得不对计划做出重大调整。不过，正如第二项修炼讨论的，预测潜在的危机，并制订高水平的应对计划也很重要。

确定了阶段性规划的结束日期后，下一步就是专注于两个维度："什么是真实的"以及"什么是可能的"。假设你正在做未来三年的职业规划。不久前，你刚接受了一家中等规模企业的销售及市场营销主管职位，你预计自己未来三年都不会离开这个岗位。

"什么是真实的"维度指的是，三年后你将在这个岗位上取得的成果。要确定该维度的内容，你需要明确自己希望产生什么影响，应用逆向归纳法的逻辑，决定未来六个月你需要做的事情，为实现目标奠定基础。

"什么是可能的"维度指的是，你现在需要做什么才能为你接下来要做的事情提供不同的可能性。你先要为自己的未来确定至少三个、至多五个可能性。在描述这些可能性时，尽量清晰简洁。某些可能性是目前工作的自然延展，例如，成为你目前公司的首席执行官。你也可以设想一些更有野心或"非常规"的选项，例如，创立自己的公司。和"什么是真实的"一样，你也可以应用逆向归纳法的逻辑，决定你将如何修桥铺路，使这些可能性在未来成为现实。

你可以应用这种逆向归纳法/阶段性规划的逻辑为你的企业制定战略，以下是一些参考方法：

- 设定规划范围。
- 设想未来，定下"什么是真实的"以及"什么是可能的"。
- 倒推出短期内你需要做什么，为实现目标奠定基础。

这个方法也有助于你确定组织的愿景，下一章我们将探讨这个问题。

思考：
你在多大程度上擅长思考出招儿和反击？

如何培养心智敏锐度？

心智敏锐度看似是一种天赋，但通过练习也可以得到提高。要想提高层级转换的能力，先要了解什么是层级转换，为什么需要层级转换，以及如何进行层级转换。回忆一下，我们将战略思维能力总结为"天赋＋经验＋锻炼"。如果运气好，你能够从实际经验中看到层级转换的作用。其中一个方法是，与成熟的战略思维使用者合作。此外，培养心智敏锐度完全依赖于严格和规律的刻苦锻炼，养成层级转换的"思维习惯"。要做到这一点，你需要坚持从不同的角度看待问题，并将这项锻炼和培养系统分析能力的锻炼结合起来。每当你专注于某个问题或决策的时候，停下来问问自己：

"系统思考这个问题有助于澄清重要的动态吗？"如果答案是肯定的，你就需要有意识地进行层级转换。除了整体看待系统，也要深挖系统内部的重要元素和它们之间的相互联系。在这个过程中，既要警惕飞得过高，也要避免陷入细枝末节。万一出现这种情况，你必须刻意让自己和团队转换到另一个层级进行思考。

你可以使用同样的方法培养你和你的团队从现在和未来的视角看待问题的能力。关注不久的将来是人类的天性。因此，训练自己思考："这种情景在一个月、半年，甚至一年后可能会变成什么样？"接着追问："用未来的视角看问题，能帮助我们思考现在需要做的事情吗？"通过这样做，层级转换中的现在和过去的视角，就和心智敏锐度中的博弈维度产生了联系。

你也可以使用类似的方法培养博弈能力，锻炼你对他人的行为和反应做出预测的能力。想想看，如果我们实施"A"行动，他们可能会实施"B"行动；如果我们采取"X"行动，他们可能会采取"Y"行动。在每个行为和反应的链条中，尝试预测未来几"步"，并倒推接下来的最佳步骤。

除了锻炼你的思维肌肉，以下几个小技巧也有助于你培养心智敏锐度。玩国际象棋这类游戏，甚至偶尔在移动设备上与虚拟对手对抗，都能够帮助你内化通过"行为和反应"进行思考的技能。竞技纸牌游戏是另一种选择，你可以训练自己思考出招儿和反击的能力。如果有机会，你可以考虑在线上玩桥牌，这能帮助你理解信号的力量。每一轮桥牌比赛开始时，每支队伍都会交换信号，向对手透露自己手上的牌的威力，以及他们认为通过叫牌能够共同完成的任务。

你如果面对的情况较为复杂，或者你正在和团队一起进行战略思考，不妨使用情景规划来展望和预测未来。情景规划旨在拓展你的视野，考虑每个可能的情景，让你更加了解组织面临的风险和机会，从而制定稳健的政策来应对外部环境的重大变化。

你如果希望培养团队的战略思维能力，可以考虑组织一个情景规划研讨会。这样做能够鼓励团队进行一场坦诚的对话，讨论未来的各种可能性及其影响。在讨论公司未来发展方向时，你也可以考虑邀请外部人员加入讨论，他们具有相关专业能力和不同的视角。这种做法有助于创意和创新的出现。

举办情景规划研讨会

在《情景思考》(Scenario Thinking)一书中,乔治·赖特和乔治·凯恩斯列出了举办情景规划研讨会的八个阶段:[7]

(1) 确定未来的主要问题,定下解决问题的时间表。在这一步,可以采访利益相关方,了解问题出现在什么样的背景中。

(2) 确定驱动战略环境产生变化的外部力量:先要关注个人,尽可能掌握更多观点;然后关注团队,厘清关键点。

(3) 对外部力量进行分类,帮助大脑消化大量信息。通过揭示各种力量之间的联系,你能够更好地预测各种力量是如何相互影响的。

(4) 确定每组力量可能出现的两种极端结果,然后确定这些结果对核心问题的相对影响程度。

(5) 评估这些结果的不确定性程度,测验这些结果是否相互独立——如果不是,把它们合并为一个因素,以扩大各种可能性的范围。

（6）针对这些结果进行现实检验，寻找逻辑、范围和信息之间的差距，确定这些结果是否仍然有意义。

（7）将这些结果分为最佳情况和最坏情况，确定其实质内容，开展关键讨论，以阐明最可能出现的未来。

（8）将这些情景发展成故事情节，包括关键事件、时间顺序结构以及事件中的人物和起因。

研讨会的目标是思考影响企业环境的外部因素，更清晰地识别风险和机会，让管理者能够思考，在当前商业环境的变化中，他们的组织具有哪些优势和弱势。

你如果决定举办一个研讨会，就需要刻意提高对话的深度。通过分组讨论找出一致的解决方案是一个有效的办法，这个过程被称为辩证式探询法。另一种方法被称为魔鬼的辩护，一个小组提出行动方案，其他小组对该行动方案的所有要素进行批判性分析。

角色扮演是通过模拟游戏中玩家之间的互动对行为和反应做出预测的另一种有效方法。营销专家斯科特·阿姆斯特朗发现，如果角色扮演所模拟的场景能够尽量贴近真实情景，那么角色扮演就是做出精确预测的最有效方法。注意，如果角色扮演包括竞争对手、客户、监管机构等所有利益相关方，效果会更好，因为这样做可以提高预测的准确度。

总结

心智敏锐度是在不同任务之间切换、转移注意力并进行灵活思考的能力。战略思维中的心智敏锐度特指层级转换能力和博弈能力。层级转换能力指从不同的分析角度看待同一情景，同时能够在不同角度之间自如切换的能力。博弈能力包括对业务中最重要的"游戏"进行评估，并打败其他竞争对手的能力。结合这两种能力，你将获得有助于制定商业策略的深入洞察。下一章将探讨战略思维的第四项修炼：结构化问题的解决。

心智敏锐度清单

1. 在什么情况下，你最需要从多个角度或多个分析层级看待组织所面临的挑战和机遇？
2. 你认识擅长层级转换的管理者吗？你能从他们身上学到什么？
3. 你可以如何训练和培养自己的层级转换能力？
4. 你的组织最需要玩什么游戏来创造和获取价值？
5. 先驱优势、信号、平衡、排序和逆向归纳法等博弈论概念，如何帮助你更好地制定策略？
6. 你准备如何培养自己的博弈能力，比如通过进行情景规划练习？

拓展阅读

阿维纳什·K.迪克西特、巴里·J.奈尔伯夫：《妙趣横生博弈论》

威廉·什帕涅尔：《博弈论101：完整教程》(Game Theory 101: The Complete Tentbook)

第四项修炼

结构化问题的解决

在前三章中，我们探讨了战略思维中帮助你识别风险和机会，并确定任务优先顺序的三项修炼。模式识别帮助你识别真正重要的事情。系统分析有助于为复杂的领域建立简化模型，进而提升你的模式识别能力。心智敏锐度让你从不同角度看待风险和机会，并通过行为和反应进行思考。

接下来三章的内容将帮助你了解识别—优先—动员（RPM）循环模式中的动员部分，以应对风险和把握机会。结构化问题的解决帮助你系统地思考问题，制定潜在的解决方案。愿景制定帮助你确定未来的发展方向，并激励组织为实现目标而努力。政治才能可以帮助你应对内部和外部的政治局势，同时建立联盟以实施解决方案。

我们先从结构化问题的解决开始，这个系统性方法将解决问题的过程拆解为不同步骤，例如识别主要利益相关方、构建问题、制定潜在解决方案、评估方案、选择最佳方案，以及实施该方案。为了应对正在出现的组织挑战，把握机遇，战略思考者必须领导结构化问题的解决过程，同时鼓励创意。如果问题解决过程过于结构化，我们就可能永远无法获得有价值的观点，也永远无法找到创造性的解决方案。

什么是问题和决策？

只有理解"问题"和"决策"的含义，才能有效地进行结构化问题的解决。"问题"一词通常包含负面含义，让人联想到风险而非机会。然而，不管是面对风险还是机会，最佳处理方式本质上都没有差别。因此，有必要拓展"问题解决"的定义，把好消息和坏消息都纳入这个范畴。而"决策"指利用评估性标准进行权衡，从一系列互相排斥的选项中选择解决问题的方案。结构化问题的解决是制定解决方案的过程，通过消除风险，避免价值遭到破坏，或者利用机会来创造价值。

思考：

当前你和你的团队需要解决的最重要的问题是什么？你通常采用什么方法应对这些挑战？

"棘手"问题究竟难在哪里？

中午去哪里吃饭，这是一个重复出现、不会造成严重后果的问题。组织面临的高风险问题则截然不同，此类问题通常是新出现的、不易解决的。问题的新颖性和复杂性，对组织解决问题的过程以及管理者如何带领大家解决问题产生了巨大影响。

根据定义，你在过去已经处理过很多日常问题。每当它们出现时，通过既定流程，你都可以机械地制定解决方案，这不需要判断，也不需要创意。然而，当新问题出现时，你无法使用标准手册。通常，你甚至都不清楚"问题"到底是什么。在这些情况下，定义问题就是解决问题的早期必要步骤，这个过程也被称为问题阐述、问题发现和问题构建，我将使用"问题构建"这个说法。

今天，组织面临的大部分重要问题不仅是新问题，而且是很"棘手"的问题。"棘手"问题指的是极具挑战性、越来越难以应付的问题，它们同时具有复杂性、不确定性、波动性和模糊性等多种特点。简单来说：

- 复杂性意味着出现组织问题的系统内部存在许多因素和互相依赖的关系。这增加了识别因果关系、预测未来以及确定杠杆点的难度。为了解决复杂问题，你需要尽量构建最佳系统模型。

- 不确定性意味着在制定潜在方案和做出权衡时需要考虑各种可能性，并进行风险评估。当其他利益相关者对可能性有不同的预测或对风险有不同的偏好时，这尤其具有挑战性。因此，关于"最佳方案"，不同的人可能有不同的看法。当涉及多个利益相关方时，要解决不确定性问题，可以建立一个商定的基础来评估解决方案，并根据可能性和风险偏好做出选择。

- 波动性意味着现有问题的严重性可能突然增加或减轻。在毫无征兆的情况下，更加重要的问题甚至可能突然出现。当波动性较高时，组织必须具备感知改变的能力，要懂得快速重新评估需要优先完成的任务，以解决问题。
- 模糊性意味着主要利益相关方对"问题"的界定或对问题是否存在没有达成统一的意见。模糊性也意味着大家对一系列潜在方案和用于评估方案的评判标准没有达成一致意见。当模糊性出现时，你必须协调各种潜在的竞争性观点，说服主要的利益相关方，争取在问题构建和评判标准上达成一致。

复杂性、不确定性、波动性和模糊性各个方面结合起来，可能会让问题看起来十分棘手，所以有必要使用结构化问题的解决过程。因此，专注于培养你的领导能力，以解决高复杂性、不确定性、波动性和模糊性问题。无论对个人还是组织来说，能做好这件事都是一个具有竞争力的优势。

思考：
思考一个你的组织需要构建和解决的问题。哪个复杂性、不确定性、波动性和模糊性因素带来了最大的挑战？有什么潜在影响？

领导结构化问题的解决过程

将人类问题解决概念化的努力可以追溯到很久以前。1910年，美国哲学家约翰·杜威出版了《我们如何思维》一书。这本书对批判性思维进行了讨论，提出知识探究的五个阶段：识别问题、定义问题、提出初步解决方案、调整方案以及测试方案。

在组织环境下，这个过程变得更加复杂。因此，这个过程往往是集体努力的结果。此外，实施"方案"通常涉及大量的资源投入。因此，组织问题的解决和杜威提出的简单的知识探究过程有所不同。

假设你已经认识到一个重要的问题，并决定优先处理这个问题，现在需要动员资源来建构和解决它。你应该怎么做呢？下面是结构化问题的解决的五个阶段。每个阶段都提出了一些问题，指导你应该做什么。

阶段1：定义角色，沟通过程

- 谁必须参与解决问题的过程？他们的职责是什么？
- 如何协调这个过程？有什么影响？

阶段2：构建问题

- 如何将难题定义为需要调查的具体问题？
- 用什么标准评估潜在方案的合适度？
- 你预计需要克服的最大的阻碍是什么？

阶段3：探索潜在方案

- 有什么可靠的潜在方案？
- 你将通过什么方法识别或者制定不同的方案？

阶段4：决定最佳方案

- 根据你的评估标准，解决问题的最佳方案是什么？

- 你将如何应对各种重大的不确定性因素？

阶段5：践行行动方针

- 需要分配什么资源来实施方案？
- 有什么需要做的工作？由谁来做？

"解决"了某个重大问题，并确定了前进的路径之后，你可能还需要构建并解决别的问题。这就是为什么我们将这五个阶段用图 4-1 的循环图呈现出来。成功完成一次循环通常会产生更多需要解决的问题。

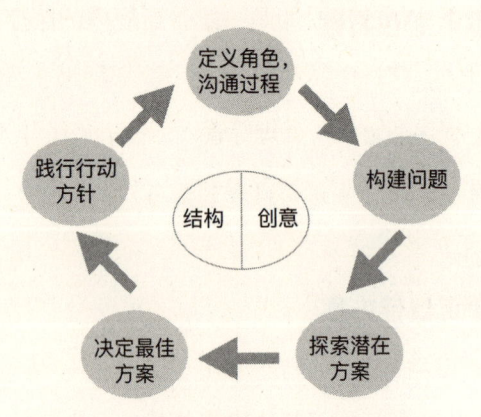

图 4-1 结构化问题的解决的五阶段循环

图 4-1 中间的内容提醒我们，要努力维持左右脑的平衡：左脑更加结构化，而右脑更富有创意。在问题解决过程的五个阶段中，创意能够起到一定作用，但结构化在整个过程中是必不可少的。

思考：

现在你如何参与结构化问题的解决？你目前的方法有什么优缺点？

为了进一步阐释结构化问题的解决的应用，让我们思考一下吉恩·伍兹成为 CHS 首席执行官不久后进行的战略制定工作。回忆一下，伍兹接手的是一家普通规模的医疗保健系统。在某种程度上，CHS 的成功源于和附近医疗保健系统的合作，CHS 为它们提供后台支付处理等管理服务。2016 年，这些合作关系为 CHS 带来了 30 亿美元的年收入，而 CHS 内部的收入高达 50 亿美元。CHS 获得了规模发展和地理范围上的广度，这让 CHS 在和供应商及保险公司协商的过程中有了更大的话语权。

然而，伍兹认为，CHS 的管理服务商业模式并非坚不可摧：

我当时意识到，这些合作关系无法带来真正的融合发展。因此我们错失了很多价值。我们也在支持一些较弱的系统。矛盾的是，当管理服务合同到期时，这一点反而让合作方采取更强硬的态度跟我们谈判。我成为首席执行官不久后，很多合作方就是这样做的……当我退后一步思考时，我意识到，除非我们通过与其他系统结合来实现规模化，否则我们无法实现长期发展。

此外，伍兹相信，行业整合的趋势将继续下去，或许还会加速。他认为CHS需要主动和其他医疗保健系统建立合作关系（即在该区域率先行动），否则CHS迟早会被别人收购。伍兹把这种对潜在发展机遇的探索称为"下一代网络战略"。他的方法构成了组织内部构建和解决重大问题的五阶段循环的基础。

阶段1：定义角色，沟通过程

大多数高管需要让他们的领导团队和其他人参与这个

过程。这增加了复杂性，因为个人、团队和组织通常与你正在努力解决的问题有利害关系，并对你构建和解决问题的能力造成影响。例如，伍兹在为中庭健康制定下一代网络战略时，需要定期和董事会交流。为了与利益相关方进行有效互动，你先要识别谁是利益相关方。然后，你应该决定如何通过一个简单的框架让他们参与其中。这个框架包括批准（approve）、支持（support）、咨询（consult）和告知（inform），简称为 ASCI。[1]

- 批准：进行关键决策或者承诺，需要获得利益相关方的正式许可。例如，伍兹很清楚，任何与其他医疗保健系统合并的重大交易都需要获得负责反垄断监管的州和联邦政府机构的批准。

- 支持：利益相关方控制着你需要的资源——人、资金、信息和关系。除了获得董事会对任何潜在交易的批准，伍兹也需要他们的支持来为重要活动提供资金。

- 咨询：获得利益相关方的支持非常重要，知道他们对关键问题的看法也很有价值。在后期阶段，他们可能是负责"批准"或"支持"的人，因此要尽早让他们参与进来。

- 告知：你应该使用单向沟通让他们随时了解最新动态。通常情况下，这是因为他们将在后续阶段发挥更积极的作用。

在开始解决问题之前，先填写一份 ASCI 矩阵表。你需要识别主要的利益相关方，预测他们将在每个阶段扮演什么角色。随着问题解决过程的深入，要及时更新计划表。毫无疑问，随着你获得的信息的增加，你将深入理解各利益相关方及其扮演的角色。表 4-1 总结了伍兹需要互动的利益相关方，参考表格，开始工作吧。

表 4-1　中庭健康的"下一代网络战略"ASCI 矩阵

	批准	支持	咨询	告知
阶段 1：定义角色，沟通过程	·董事会	·董事会 ·首席顾问 ·首席财务官 ·总顾问	·政府关系专员	·负责维护其他系统现有关系的管理者
阶段 2：构建问题		·管理团队		
阶段 3：探索潜在方案		·延展领导团队	·关键的组织思想领袖 ·外部顾问	

续表

	批准	支持	咨询	告知
阶段4：决定最佳方案	·董事会	·延展领导团队	·关键的组织思想领袖 ·外部顾问	·参与战略执行的组织管理者
阶段5：践行行动方针	·董事会 ·州和联邦政府监管机构	·外部法务和监管顾问	·参与战略执行的组织管理者	

下一步是和利益相关方沟通你想要解决的问题。告诉他们，你的目标是要帮助他们理解当前正在发生的事情。另外，从一个阶段进入另一个阶段的时候，"过程公平的力量"能够帮助你获得支持。研究表明，如果人们能够察觉到决策过程是公平的，他们更有可能接受并非完全对他们有利的结果。[2] 在结构化问题的解决的背景下，这意味着要保持整个过程的公开透明。

思考：
你过去是否遇到过因为没有尽早让利益相关方参与而难以解决问题的情况？

阶段2：构建问题

面对新的尤其是棘手的问题时，在问题构建过程中你务必保持严谨。事实上，这可能是整个过程中最重要的阶段。正如阿尔伯特·爱因斯坦和利奥波德·英费尔德在《物理学的进化》一书中提出的：

提出一个问题往往比解决一个问题更重要，因为解决问题也许只是一个数学或实验上的技巧。而提出新的问题、新的可能性，从新的角度去看旧的问题，却需要有创造性的想象力，这是科学的真正进步。[3]

构建问题意味着：

（1）以一个需要回答的问题去定义一个需要解决的难题。
（2）阐明将用于评估潜在方案的评估标准。
（3）识别要获得成功所需克服的最重要的潜在阻碍。

这看起来似乎有许多事情需要提前去做，但当你开始解决问题时，这个过程能帮助你节省时间。阿诺·谢瓦利尔和阿尔布雷克特·恩德斯在他们的著作《学会解决问题》一书中介绍了构建问题的有效方法，即利用"英雄之旅"（想想《星球大战》中的卢克·天行者）的叙事建构。[4]他们鼓励管理者在构建问题时将自己想象成一个英雄，需要展开一场冒险，寻找宝藏，并在旅途中打败一条或多条恶龙。

英雄、冒险、宝藏和恶龙分别指哪些人和事呢？

- "英雄"当然就是你，构建并解决重大组织难题的管理者。
- "冒险"是你必须踏上旅程的原因，即通过提出问题清晰地定义难题。
- "宝藏"就是最佳解决方案以及实施这个方案的好处。
- "恶龙"是你在路上必须对抗和克服的潜在阻碍。

恩德斯和谢瓦利尔的框架极具价值，它以一种简单易记的方式提炼了你的思考过程。当问题解决的过程涉及多个利益相关方时，这个框架尤其有用。为什么？因为这个框架是一门"共同的语言",有助于你和利益相关方就难题的不同看法、潜在解决方案以及评估方案的标准达成一致意见。各方就"冒险"、"宝藏"和"恶龙"的明确定义达成一致意见,能够帮助你更有效地管理利益相关方。

构建问题的第一步就是提出一个能够将难题具体化的问题,并以此来精确地定义任务。在这个过程中,重要的一点是"衡量"难题的大小,这意味着要在野心过大和野心不足之间找到平衡。你如果试图海中捞月,导致项目难度过高,那就是自寻死路。同样,你如果只纠结于鸡毛蒜皮的小事,也注定会失败。适度的野心存在于"大海"和"鸡毛蒜皮"之间。

在定义问题的过程中,你既要具有战略性,也要发挥创意。具有战略思维,意味着理解全部利益相关方的利益,并在定义问题的过程中考虑这些因素。发挥创意意味着要理解并利用人们思考方式中的偏见来推动事情向前发展。

恩德斯和谢瓦利尔举了一个例子,说明了构建问题过程中的创意:

有两个修道士住在修道院里,他们希望边抽烟边祈祷。

如果这样做，他们可能得做更多的祈祷，但祈祷的专注度会降低，所以很难判断这样做是否有净收益。第一个修道士找了修道院院长，问道："我可以一边祈祷一边抽烟吗？"结果被一口回绝。第二个修道士也找了院长，但他的问题是："我可以一边抽烟一边祈祷吗？"他得到了允许。[5]

这个故事强调了人们看待收益和损失的方式，这是由来已久的决策偏见，被称为损失厌恶。认知心理学研究表明，比起获得等量的收益，人们更厌恶损失。[6]第一个修道士的请求凸显了修道院的潜在损失：一边祈祷一边抽烟可能会降低祈祷的平均质量。第二个修道士强调了修道院的潜在收益：一边抽烟一边祈祷能够带来更多祈祷。

现在我们进入问题构建的第二步：具体化潜在方案的评估标准。评估标准有助于回答以下问题：

- 关于一个可接受的解决方案（即宝藏），什么是正确的？
- 如何评估潜在方案的相对吸引力？

你应该制定一套明确、具体且相当全面的标准。例如，在决定去哪家餐厅吃饭时,"味道不错""让人满意""让我感觉挺好的"这类表述就显得过于宽泛和模糊,不能作为评估标准。你需要努力找出最重要的评估标准。太多的评估标准会降低收益。在领导团队的支持下,伍兹制定了图 4-2 所示的标准来评估 CHS 和其他医疗保健系统的潜在交易。

判断方案可行的标准　是√	判断方案不可行的标准　否×
☐ 有望实现地理密度,打造全州网络。	☐ 造成资源的不合理利用或干扰。
☐ 可以利用固定的基础设施和能力。	☐ "一次性"方案,没有长期战略可能性。
☐ 具有增值性。	☐ 纯粹是"救援任务"。
☐ 公司实现文化高度统一,致力于"为了所有人"的使命。	☐ 缺少文化适应性。
☐ 扩大了人口健康的覆盖面和能力	
☐ 加速了差异化战略。	

图 4-2　伍兹的评估标准

有效构建问题的第三步,也是最后一步,是识别寻宝路上可能遇到的阻碍。在继续探索解决方案、评估选项和进行决策之前,这一步能够帮助你预测阻碍。对伍兹来说,他要对付以下三条"恶龙":

（1）帮助团队成员适应模糊性，让他们放弃一开始就需要一个明确的战略的想法。
（2）说服董事会和其他主要的利益相关方，让他们相信"尽管旧的商业模式已经取得成功"，但中庭健康仍然"需要不同的发展方式"。
（3）重新组建领导团队，引入推动改革所需的人才。

思考：
想想你需要解决的组织问题。这个问题是否得到正确的构建？恩德斯和谢瓦利尔的框架是否有助于利益相关方达成一致意见？

阶段3：探索潜在方案

将探索潜在的解决方案和评估方案分开是明智的做法。因为寻找棘手难题的解决方案通常需要创意和远见，而从这些方案中做出选择需要进行客观冷静的分析。过早使用批判性评估可能会扼杀创造力。正如迈克尔·A.罗伯托在《释放创造力》(Unlocking Creativity)一书中所说:"不幸的是,很多精彩的想法不了了之,正是由于无法建设性地管理不同意见和相反的观点。"[7]

先要确定你需要参与哪种类型的探索。如果潜在方案是固定的、明显的,最直接的情景就会出现。回到我们此前假设的午餐问题。如果我们了解社区周围的环境,知道吃饭花多长时间,那么我们就知道有哪些立即能用的选项。因此,没必要探索所有选项!如果潜在方案很明显,你可以直接跳到评估那一步。除非现有的餐厅倒闭了,或者有新的餐厅开张,否则你的选项就是固定的,你可以专注于规划。

如果解决方案不明显但有可能存在,那么你需要在探索过程中使用"高效搜索",即投入资源持续寻找潜在方案,直到发现所有可能的选项。然而,如果搜索成本过高或搜索过程过于费时,你就需要制定"停止规则"。这意味着在发现一系列可行的选项前,你需要进行搜索,直到找到一系列选项,然后进行更加严谨的评估。(注意,如果只找到一个潜在解决方案就停下,那就违反了将探索和评估分开的规则。但如果存在时间压力,这么做也无可厚非。)

如果找不到理想的解决方案,你就需要拆解问题。这就需要应用系统建模和根本原因分析等工具，对根本驱动力进行探究，先确定简单的小问题和最具挑战性的子问题，然后你就可以创造性地构建潜在的方案。根本原因分析包括将问题拆解成更详细的元素。图 4-3 展示了这个方法的作用，说明了如何诊断制造工厂运输延误的原因。

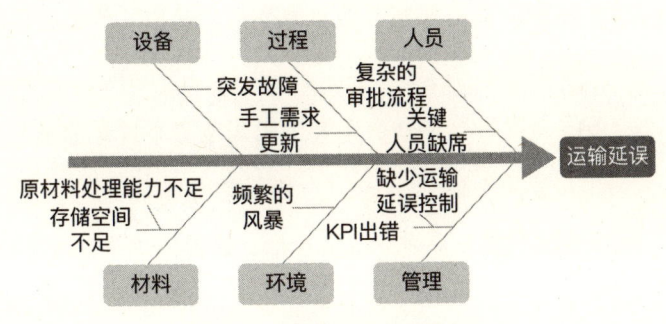

图 4-3　运输延误根本原因分析

这个示意图将问题的潜在原因分成不同逻辑类别，例如设备、材料和过程等。这种做法能够帮助你快速找到修复方法，并开发新的方法来解决难题（或减少设备故障等次要难题）。要做到这一点，你需要找到具有创造力的人才，并激励他们。例如，不要应用太多结构，也不要过分限制解决问题的过程。此外，要提供空间和时间，鼓励创新的想法。格雷厄姆·沃拉斯在他的著作《思维的艺术》(*The Art of Thought*)

中提出了释放创造力五阶段模型,并强调了时间的重要性。[8]

(1) 准备阶段:富有创造力的个体对问题进行思考,探究问题的不同维度。
(2) 孵化阶段:问题被内化在无意识思维之中。
(3) 模仿阶段:富有创造力的个人"感觉"解决方案即将出现。
(4) 启发阶段:创造力在潜意识处理层面迸发出来,进入意识层面。
(5) 验证阶段:在意识层面验证、详细阐述并应用想法。

思考:
回想一个让你头痛的重大问题,你需要采用什么方法来探索潜在的解决方案?

阶段4:决定最佳方案

一旦确定了一套完整的潜在解决方案,下一步就是严谨评估，并选择最佳方案。如果所有评估标准都一样重要，你就只需要通过"是"或"不是"来评估。但通常情况下，评估过程总是充满权衡。回想前面讨论的午餐问题，想象你只使用两项评估标准（口味和时间）来选择餐厅。假设跟墨西哥菜相比，你更喜欢意大利菜，但如果选择意大利餐厅要花费你更多时间，那么你在多大程度上愿意花这么多时间从用餐中获得更多享受呢？你可能愿意多花 5 分钟，但是如果要多等一个小时，你愿意吗？大概不愿意吧。20 分钟呢？或许还行。欢迎进入这个充满权衡的世界。

如果你的标准是可衡量的，并且能够转化为时间或金钱等通用货币，做出权衡就相对容易了。如果评估标准是定性的，事情就会棘手得多。在这种情况下，可以考虑开发一个评分系统。哥伦比亚商学院曾经对复杂的谈判做了一项案例研究，这项研究名为"对交易进行评分"[9]，正如该研究所讨论的，你可以通过以下方法制定评估标准：

- 定义评估选项（在构建问题时已经确定）的维度。
- 在每个维度下，按照从最差到最好对各个选项进行排序。

- 为每个维度定下 0~100 分的评分（100 分为最优），并将选项置于量表内。
- 根据每个维度对战略的重要性，为它们设定"权重"。所有权重的总分应为 1（例如，假设有四个维度，你可以将权重设为 0.3、0.2、0.4 和 0.1）。
- 将选项在每个维度上的得分乘以该维度的权重，将各个得分相加，计算每个选项的总分。

继续以餐厅为例，假设你制定了评分细则，评估标准为口味、费用、时间和营养价值。选项包括当地的泰国、墨西哥和意大利餐厅。

选择餐厅的评分系统

在查看总分之前，先看看分配给口味、费用、时间和营养价值四个维度的权重，记住它们的权重总和为 1。在这里，你给了时间很大的权重，给了口味和费用部分权重，给了营养价值一小部分权重。（很明显，健康不是目前考虑的重点。）

现在，看看在费用和口味维度下每家餐厅得到的分数。别忘了每个维度的分值是 0~100 分。在费用维度上，墨西哥餐厅是最便宜的（分数 =100 分），泰国餐厅是第二名，分数（90 分）略低于第一名，而意大利餐厅则贵得多（分数 =70）。然而，在口味维度上，意大利菜是你的最爱（分数 =100 分），泰国菜（分数 =90 分）紧随其后，而墨西哥菜（分数 =70）就远不如前两个了，见表 4-2。

表 4-2 选择餐厅的评分系统

	口味	费用	时间	营养价值	总分
权重（总和为 1）	0.3	0.2	0.4	0.1	
泰国餐厅	90	90	85	90	88
墨西哥餐厅	70	100	100	50	86
意大利餐厅	100	70	40	100	70

最后，写下每个选项的总分。尽管在每个维度上泰国餐厅都不是你的最爱，但在这次分析中，泰国餐厅却拔得头筹。为什么？因为在几个重要的维度上，泰国餐厅的表现都不错。从这一点也可以看出，在权衡的过程中，严谨的评价能够产生让人意想不到的"最优"结果。

在将这种评分分析应用于决策前,你必须懂得这种方法的局限性。一种局限性是,这种方法的前提是要有一系列适用于0~100分的线性评分选项,例如口味和时间。事实上,你的选项中可能有重要的非线性因素。例如,假设在重要的客户会议之前你只有30分钟的午餐时间,如果去泰国餐厅要花40分钟,你的评估过程会发生什么改变呢?

另一种局限性是,这种方法通过加法对各选项进行对比。也就是说,这种方法假设你能够通过将权重分数相加来计算每个选项的总分。只有当两个或两个以上维度的分数之间没有重要的相互作用时,这种方法才奏效,但通常情况并非如此。

这并不是说这个评分系统没有作用。这种方法能够帮助你更全面地思考问题,但它只能作为参考,不能成为决定性因素。你要审视评分结果并提问:这看起来正确吗?我们是否为每个维度赋予了正确的权重,为每个选项打了正确的分数?是不是存在必须考虑的非线性因素?不同维度之间是否相互影响?

如果在评估过程中纳入不确定性,并且预估不同选择产生不同结果的概率,你可能会得到更复杂的分数。例如,假设你确定墨西哥餐厅能在 10 分钟内上菜，但泰国餐厅上菜的时间可能是 5~25 分钟。如果你能计算不同等待时间的概率，你可以基于期望值来评估选项，从而进行更加严谨的评估。

最后，最好在构建问题阶段就创建一个评分系统，不要等到评估选项时再做这件事。这样做能够让你更加客观，因为如果已经知道有什么选项，你就有可能对这些选项进行非正式评估，这会影响你分配权重和打分。

思考：
你是如何评估重大问题的潜在方案的？你和你的组织是否足够严谨？

阶段5：践行行动方针

最后一点，你针对组织问题提出的方案并非"答案"本身，而是你要求组织采纳的前进道路。因此，靠谱的方案包括目标、战略、计划和资源投入。当你专注于某个重大问题的解决方案时，你必须经常投入大量不可逆转的资源来实施方案。除了践行某个特定的行动方针带来的直接成本，或许还有未被选择的道路所产生的机会成本。

如果泰国餐厅的食物让你感到很失望，你的脑子里可能会闪过"我就知道我应该去吃意大利菜"的想法，但另一个想法"好吧，明天就去"能够快速安慰你。当然，如果重要的组织问题无法得到解决，后果会更加严重。幸好，随着情况的变化，你能了解更多信息，从而在某种程度上调整路径。这个过程还可以揭示意料之外的问题，这些问题已经变成需要进一步解决的重点问题，从而导致新的循环。如图4-4所示，在整个过程中，你可能既需要朝前看，也需要回头看。

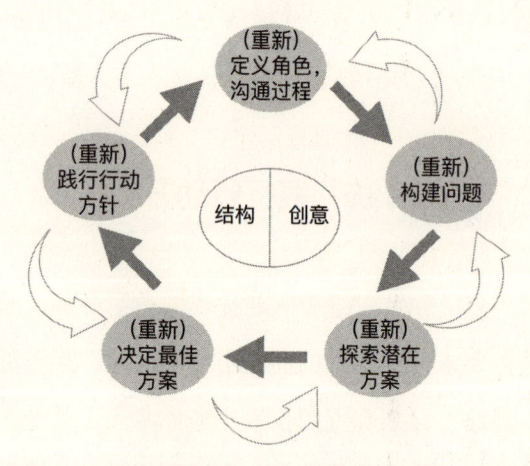

图 4-4　结构化问题的解决五阶段循环中的两个移动方向

思考：

你的组织在实施复杂问题的解决方案方面有多成功？

培养结构化问题的解决能力

　　培养结构化问题的解决能力，可以从学习基本原则开始，例如，问题解决过程中的步骤、每个步骤所使用的工具和技术，以及常见的陷阱和挑战。随着经验的积累，结构化问题的解决能力也会得到提高。练习得越多，你就越擅长这个技能。处理各种不同的问题，向他人寻求反馈和指导，也是可以利用的方法。另外，你也要寻找机会参与由更有经验的人主导的结构化问题的解决过程。

总结

　　结构化问题的解决是战略思维的修炼之一，能够指导你解决组织所面临的最重要的挑战。这个过程由以下独立的步骤组成：识别主要的利益相关方、构建问题、探索潜在方案、决定最佳方案、践行行动方针。结构化问题的解决能够帮助你在实现你的目标时使利益相关方达成一致意见。下一章将聚焦于愿景制定，这项修炼将帮助你设想并实现美好的未来。

结构化问题的解决清单

1. 你的组织在定义和解决当今最重要的问题方面有多高效？它有哪些优点和缺点？
2. 如何着手让主要的利益相关方参与问题解决的早期阶段？实施"批准—支持—咨询—告知"框架有帮助吗？
3. 你能做些什么来提高问题构建的效率，包括定义任务、宝藏和恶龙，并与你的团队沟通？
4. 在制定选项的过程中，如何有效平衡分析和创意？
5. 在评估解决方案的过程中，你是否足够严谨，并做出了正确的权衡？

拓展阅读

阿诺·谢瓦利尔、阿尔布雷克特·恩德斯：《学会解决问题》

迈克尔·A. 罗伯托：《批判性决策的艺术》（*The Art of Critical Decision Making*）

阿米特·S. 穆克吉：《数字时代的领导力》

第五项修炼

愿景制定

愿景制定，指设想一个宏大但有望实现的潜在未来，并动员组织去实现它的能力。愿景制定的修炼能够架起一座桥梁，连接潜在的未来和当下的现实。仅仅有对未来的美好设想还不够，还要有将这种设想传递给人们，动员大家共同努力实现梦想的能力。只有这样做，我们所说的"强大的简化"才能和愿景制定联系起来——你必须清晰而令人信服地阐明你的愿景以及实现愿景的战略。

什么是愿景？

当全面实施组织的战略后，组织将呈现什么样貌和氛围？对商业领袖来说，愿景就是对组织样貌令人信服的构想。好的愿景能够让人看到一个有意义、有吸引力的未来。就愿景需要回答以下问题：组织必须完成的事情（使命）、优先任务（核心目标），希望前进的方式（战略），当愿景实现时，组织看起来是什么样的，人们将如何行动。

有位管理者说过，企业的愿景就是"将未来的图景提炼成最简单、最清晰的形式"。另一位管理者指出，企业愿景必须是描述性的、具体的。他解释说："企业愿景描述了组织在未来合理的时间框架内将采取的工作方式，但这要求组织全力以赴，因为不需要组织全力以赴的梦想就不是愿景。"

我们有必要区分愿景和使命、核心目标以及战略等相关概念，因此我们需要明白愿景不是什么：

- 愿景不是使命，使命是组织领导希望组织去做的、能够让组织为人所知的事情。
- 愿景不是一系列核心目标，核心目标是明确任务目标的优先事项。
- 愿景不是战略，战略为实现使命和核心目标指明了总体路径。

当然，组织的愿景必须与其使命、核心目标和战略保持一致。如果没有相互联系、具有凝聚力的强大的意义、目标和愿景，能带来实质性和积极变化的事情就很难发生。我采访过的一位管理者是这样说的："人们必须能够说，'噢，我看到这些（使命、目标、战略）是如何互相融合的。我能看到前进的方向'。"

在组织中，企业目标是实现一致性的另一个重要因素，分清愿景和目标尤为重要。正如彼得·圣吉所说："愿景不同于目标。目标是一个总标题，而愿景是一个特定的目的地，它描绘了人们期待的未来。目标是'提升人类探索太空的能力'，而愿景是'到20世纪60年代末，人类登上月球'。"[1]

目标和愿景密不可分。如果只有强大的目标而没有愿景，那么组织会缺少明确的目的地，从而无法在这个波涛汹涌的世界上破浪前行。在这种情况下，人们即使充满热情，为了一个目标不知疲倦地工作，通常也无法取得可持续的成就，无法走远，或者无法充分发挥其潜能。然而，如果在整个组织内注入一个共同的愿景，就能够带来一致的行为，让员工朝着理想的未来前进，并缓解这个不确定的世界带来的焦虑。

为何愿景制定很重要?

空洞的企业意图声明只会让愿景沦为套话。1997 年,麦克马斯特大学德格鲁特商学院教授克里斯·巴特发表了《性、谎言与使命表达》("Sex, Lies, and Mission Statements")一文,提出了两个结论——"谎言和扭曲"。巴特认为:"大部分(使命陈述)都不配被写在纸上。"[2] 曾任联邦德国总理的赫尔穆特·施密特的观点更加极端。当别人问及他的远大愿景时,他说:"有愿景的人都应该去看医生。"[3]

不过,愿景制定是一项必要的战略思维修炼。正如强生公司前高管特洛伊·泰勒所说:"愿景制定有助于组织了解你想去哪里,为了到达目的地你必须做的事情,以及到达目的地后你的生活会变成什么样子。"令人信服的愿景能够让人产生直接的激情。你或许能制定出世界上最好的战略,但如果员工不理解行动的必要性、目的地、需要完成的工作、实现目的的方法,你的战略就毫无用处。愿景制定通过提炼式、告知式和启发式的沟通,为"行动的必要性"和"目的地"

提供了一幅清晰的图画。

有效的组织愿景能够组织团队成员,激励人们追求共同的目标。有远见的管理者能够定下鼓舞人心的目标,帮助组织克服利己主义和派系之争。这样的例子在历史上数不胜数。纳尔逊·曼德拉是一位出色的政治领袖,他提出了跨越种族和政治分歧、统一南非的愿景,从而解决了冲突,激励人们为共同的事业而奋斗。

在商界,有远见的管理者能够让组织充满干劲。令人信服的愿景有助于员工理解自己的工作如何促进了企业的成功,让企业离使命和目标更近一步。这样做能够产生巨大的好处。如果组织愿景和员工的个人价值观一致,那就更好了。研究表明,如果员工在工作中找到意义,他们甚至愿意牺牲未来的收入。另外,和其他员工相比,发现自己工作有意义的员工辞职的概率降低了60%,这可能会为组织节省大量人员流动成本。[4] 一项针对5万多名员工的相关研究表明,认为公司愿景有意义的员工,其敬业度比平均水平高出18个百分点。[5]

此外,愿景制定有助于建立联盟,我们将在下一章讨论这一点。愿景制定帮助管理者发展个人关系,建立起为个人、团队和组织的成功奠定基础的网络。这对新上任的首席执行官来说尤其有帮助，他们需要争取利益相关方的信任，让他们为自己的战略感到兴奋，并建立起至关重要的早期势头。因此，有效的愿景制定能够降低领导层交接的风险，对从组织外部聘请首席执行官的公司来说更是如此。如果利益相关方在早期就觉得那些空降的老板没什么了不起的，对他们持怀疑或不满态度，那么这些外来的管理者往往不会有出色的表现。

思考：
你经历过的有效愿景制定的最佳例子是什么？你见过创造共同愿景失败的案例吗？如果有，为什么会发生这种情况？

如何制定愿景？

一种愿景制定的方法是先展望未来，然后往回推演。我们在第三项修炼中讨论过博弈论，而这种方法的逻辑和博弈论的逆向归纳法一样，先憧憬未来，想象一个理想的未来状态，然后往回推演，思考如何才能实现这个未来。另一种方法是仔细斟酌现状，想象各种可能性。你需要盘点现有资源，设想利用这些资源能够实现什么目标，这个过程在创业学研究中被称为"效果逻辑"。[6] 现在我们拥有什么？我们可以基于哪些成就继续发展？

不管向前展望还是向后推演，愿景制定都是想象一个宏大但合理的未来。宏大的愿景至关重要，因为你的团队和组织需要全力以赴实现这个愿景。吉姆·柯林斯和杰里·波勒斯在《基业长青》一书中提出了"胆大包天的目标"（BHAG，big、hairy、audacious goal 的首字母组合）这个术语，来强调愿景离不开野心。[7]

但愿景不能像空中楼阁般不可触及。1961 年，约翰·肯尼迪总统在就职演讲中提出了对美国人的挑战：在 10 年内，让人类登上月球。[8] 这项挑战就恰好满足了这两项标准（人类第一次登上月球的时间为 1969 年 7 月[9]）。肯尼迪的例子强调了制定愿景时灵活性的重要性，如果遇到无法逾越的障碍，灵活性能带来其他选项。想象一下，如果你没有按照 GPS（全球定位系统）驾驶会发生什么。如果你错过了一个转弯，系统会建议你掉头回到原路。但如果你无视系统的建议，系统就会给出一条前往同一目的地的新路线。这反映了战略思维中愿景制定这项修炼的实践过程。

从个人愿景到共同愿景

建立共同愿景的前提是制定个人愿景。你能想象出一个你希望带领组织前往的清晰、理想的未来吗？愿景除了是可实现的目标，还必须符合你的领导风格和情境。通常，和你信任的人一起测试个人愿景是有价值的。

和基于公司的核心价值观制定愿景相比，将愿景和核心目标联系起来，有助于制定更加以行动为导向、更切实的愿景。核心价值观包括忠诚、承诺、尊严、正直等，为企业愿景赋予意义和目标感，有助于加大愿景的影响力。

基于组织良好的激励因素制定愿景也有所帮助。正如美国心理学家戴维·麦克莱兰生前所说，人们受到成就需求（竞争、表现更好或获胜的欲望）、归属感（认同某个社会群体或成为团队的一部分）和权力（寻求地位或控制）的驱动。[10] 愿景能够阐明战略将如何满足其中的一些需求，激励团队更高效地工作。图 5-1 显示了更多可以由精心制定的愿景激发的激励性驱动因素。

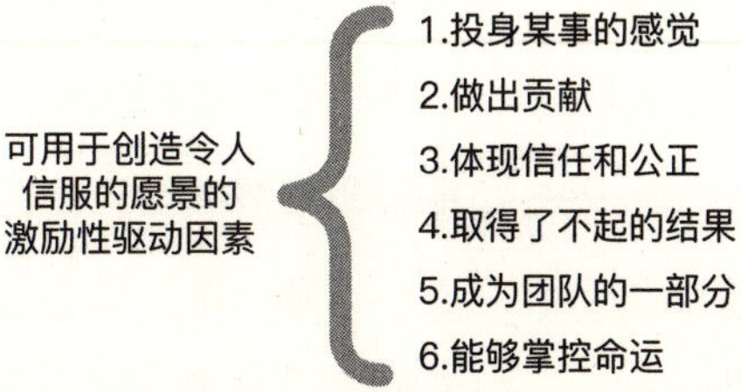

可用于创造令人信服的愿景的激励性驱动因素
{
1. 投身某事的感觉
2. 做出贡献
3. 体现信任和公正
4. 取得了不起的结果
5. 成为团队的一部分
6. 能够掌控命运
}

图 5-1　动机驱动的例子

一旦有了一个粗略的草稿，你就可以和多个利益相关方测试并改进你的方案，他们将审阅你的方案，寻找漏洞或缺陷。随着愿景进入阐明、测试和改进阶段，它最终将变成通向成功的共同叙事。

在某些情况下，在制定愿景时，让领导团队或更广泛的组织共同参与是有意义的。正如强生公司前人才管理总监保罗·柯勒腾所说："制定简单而引人注目的愿景至关重要。如果你能够将一项有前瞻性的实践与了解人们如何相处结合起来……这就是一个良好的开始。"

只有在合理的情况下你才能这么做，但这么做有时候也挺荒谬的。具体来说，只有当你能制定一个真正鼓舞人心的愿景时，你才应该这么做。如果你的企业正在裁员，情况可能就不是这样了。另一个关键点是，让人们参与制定愿景，能否激发他们更加努力实现这个愿景。如果答案是肯定的，就算需要你在个人愿景的某些方面做出妥协也是值得的。

如果你决定采用共同制定愿景的方法，注意要守住一个伟大的愿景应有的野心。重要的是，要清楚你的愿景有什么不可妥协的核心要素。但是除了这些不可妥协的要素，要灵活接纳他人的想法，让他们也成为主人翁。吉恩·伍兹就证明了这种"共同创造"方法的力量。在制定愿景时，伍兹采用了自下而上的方法，他成为勤奋的聆听者。伍兹讲述道："我花了很多时间在走廊里走动，询问人们我们哪方面的工作做得好，我们应该有什么样的志向，什么阻碍了我们。我也和主要的社区管理者谈话，了解他们对我们的优势和机会的看法。"

在伍兹执行这项工作的过程中，具体的主题逐渐浮现。其中之一是人们渴望将自己的职业和组织更宏大的目标联系起来。"团队成员想让人们保持健康，而不是在他们生病的时候为他们治病，"伍兹说，"（他们）希望讲述我们如何在人们的至暗时刻为他们带来希望。（他们）希望领先全国，推动医疗进步。"

他整合了大家的反馈,并真诚大方地向主要利益相关方传达这些信息。他的努力创造了新的使命宣言:"改善全民健康、提升希望、推动医疗进步。""全民"是关键词,因为它肯定了公司对有治疗条件的患者(能够选择医疗保健服务的人)和社会最弱势群体的承诺。

在制定中庭保健的愿景时,伍兹使用了类似的流程,制定出"成为医疗界的首选和最佳选择"的愿景。"这在组织内部引起共鸣,吹响了集结的号角。"伍兹说,"这项使命反映了我们的内心、愿景、智慧和精神。而我们的愿景更加强调对成长和变化的向往,为我们定义了什么才是成功。"

正如伍兹的经历所呈现的那样,好的愿景清晰具体,能够激发意义和激情,并和使命等其他确定方向的主要工具相关。愿景清晰地描绘了一幅生动的未来图景,它与企业的使命、核心目标和战略是一致的。重要的是,愿景让员工和组织的志向达成一致。

正如强生公司前人力资源副总裁布拉德·尼利所说:"成为高瞻远瞩的人,就是要清晰地认识到希望组织前往什么地方。这意味着要向人们展示一幅清晰的图画,这样他们就能明白组织的发展方向。"

思考：
想想过去你在制定共同愿景的工作中，哪些努力有作用？哪些努力白费了？

强大的简化的重要性

为了激励人们支持你的愿景，你必须使用直接、能够引起共鸣的话语传达组织未来的方向，从而实现强大的简化。[11] 你需要让人们认同你的愿景，这一点似乎是不言而喻的，但知和行是两码事。许多管理者在担任更高级的职位后，不知道怎样处理愿景制定。正如强生医药业务前商业总监彼得·塔特诺尔所说："领导整个企业或许是你第一次面对如此广阔视野的挑战。你需要使用直接的表达，以引人入胜的方式来描述它，让大家支持你的愿景。"

讲故事和使用隐喻通常有助于支持你的愿景。故事和比喻都是有效的方式，能够帮助你向大家讲述即将面对的风险和机会,以及你应对这些风险和机会的战略。正如美国心理学家霍华德·加德纳在《领导智慧》一书中所说:"管理者主要通过讲故事来实现他们的目的……除了讲故事,管理者体现了这些故事……通过他们自己的生活来传达他们的故事。"[12] 某家眼部护理企业的愿景宣言是:保护视力,一生一世。它让人联想到视力在人的一生中的发展和变化,并有助于将企业和患者的经历更紧密地联系起来。

讲故事是管理者影响和激励同伴的一个重要方式。讲故事有助于创造一种连接感,以数据点无法做到的方式建立熟悉感和信任。故事也不容易被忘记。比起从事实和数字中搜集信息,我们能更准确长久地记住故事里的信息。正如《故事的证据》(Story Proof)和《故事的智慧》(Story Smart)的作者肯德尔·哈文所说:"每一次交流的目的都是对听众产生影响(改变他们当前的态度、信念、知识和行为)。光靠信息几乎无法带来任何改变。研究证明,精心设计的故事是带来影响力的最有效工具。"[13]

最精彩的故事能够提炼核心经验——错误是叙事的好素材,并为你想要鼓励的行为提供范本。愿景故事还应该和公司更古老的传奇故事产生共鸣,吸取过去良好的要素,并将这些要素和组织的未来结合起来。这个过程不仅有利于传达愿景，也有利于制定战略和明确其他确立企业整体方向的核心要素。

管理者可以使用五个经典的故事原型来表达关键观点。这五个故事原型包括热爱、救赎、白手起家、异乡异客以及圣杯。在"热爱"的故事中，企业爱上了它的产品或服务，希望分享这份激情；在"救赎"的故事里，企业陷入困境，正在寻求出路；在"白手起家"的故事里，企业不被看好，希望冲出逆境；在"异乡异客"的故事里，企业可能正在推出一种新产品或新服务；在"圣杯"的故事里，企业雄心勃勃，希望发掘深层的成就感。[14]

例如，CHS 的愿景是"改善全民健康、提升希望、推动医疗进步"。在这个案例中，CHS 选择了"热爱"的故事原型，它希望为客户提供最高水平的服务。通过强调这一点，CHS 驾驭了以听众为中心的表达的力量。

根据社会心理学的研究结果，重复暴露在同一刺激下能够提高人们对这个刺激的积极感受，重复也能促进有说服力的沟通。这就是所谓的"曝光效应"。[15] 研究还表明，演讲、信件和视频等不同形式的表达也有助于大家接受愿景。根据美国教育家埃德加·戴尔的"学习金字塔"模型,我们往往只能记住10%的阅读内容,20%的听到的内容,30%的看到的内容。当我们同时听到和看到信息时(例如通过视频),知识的留存率能提高到50%;如果我们同时说和写(例如一边讨论一边做笔记),则70%的信息都会被记住。而在参与模拟活动时,我们说和做的内容的留存率会高达90%。[16] 正如保罗·柯勒腾进一步指出的:"你应该创造一个更多基于图像、想法和引人注目的图片而非语言的愿景。"

另一个关键元素是愿景中能够唤起感情的描述性表达,即能够生动地展现核心价值观的表述。和直白地说出愿望或目标相比,能够唤起感情的描述性表达有助于在听众或观众的脑海中形成一幅图画。快餐集团麦当劳在它的愿景表述中使用了多个能够唤起感情的描述性表达:我们的战略基于我们专注于经营出色的餐厅,为员工赋能,更快速、更新颖、更高效地为客户和员工解决问题。[17]

在阐述愿景中的描述性表达时,要注意行文方式(句子结构、信息流)以及带给人们的印象(希望鼓励的行为以及需要被满足的需求)。从诸多企业平淡无奇的愿景描述来看,管理者往往很难创造出具有足够细节的描述。一个强大的愿景应该在人们的脑海中形成有吸引力的画面。

诚然,管理者没办法和公司每个人直接沟通。这意味着他们必须学会从远距离说服他人。通过争取相信他们的人的加入,鼓励更多人接纳愿景,带着热情工作。

为了实现这个目的,管理者必须在公司内部发送正确的信号,并以身作则,做出他们希望别人创造的改变。这不仅需要建模行为,而且意味着每天都做出有利于实现愿景的决策。这在很大程度上来自为愿景投入大量资源,不仅包括资金投入,也包括指派合适的人为实现愿景而努力,并设定可衡量的目标来评估进展。

此外,书面战略、薪酬计划、考核标准和年度预算都是影响行为的重要方法。设定期待、确定奖励和晋升等方法能够"推动"人们朝着正确的方向前进。因此,这些工具的成功依赖于权威、忠诚、对奖励和晋升的期待。当实现目标需要提高公司业绩或重塑公司文化时,这些工具尤其有用。

然而,管理者也必须提出一个有吸引力的未来,"拉动"员工,让员工愿意做出改变。只有当员工相信新的运营方式比现有方法更能满足他们的需求时,这种情况才会发生。例如,通过承诺减少让人沮丧的事,减少资源浪费,或者提高进步的可能性。你可以通过不同的形式"拉动"员工。最低层次的"拉动"需要积极聆听和以加强关系的方式提供个人反馈的能力。在团队的层次上,"拉动"意味着定义个人的愿景,让愿景成为共同的愿景,以激励一群关键的人。

"推动"和"拉动"是两种互补的方法。单独使用任何一种方法都不足以改变固有的习惯或工作实践,从而带来变化。[18] 大部分管理者往往擅长其中一种。要提高这两方面的能力,你必须努力理解员工的喜好,找到培养技能的方法。你的身边也需要能够弥补你沟通能力的人。

让更广泛的组织参与你的计划也很重要,否则你会引起不必要的猜测。公司里的小道消息会填补信息空白,谣言会传得更起劲,这会让你的信息变得面目全非。管理者必须掌握话语权,这就像撰写公司内部通讯或者在企业杂志里撰写文章来传达愿景一样简单。一些管理者使用愿景板,以视觉化的方式呈现其目标。通常情况下,愿景板和海报一样大小,利用图片和文字来呈现你希望实现的目标。

通常,新上任的首席执行官会在任职不久后通过演讲传达自己的愿景。2019 年,艾利森·罗斯成为国民威斯敏斯特银行首席执行官。上任第一天她就分享了自己对这家银行未来的展望，向同事解释了她的设想，包括保持好奇心、学习新技能、在银行内部培养持续学习的文化。[19] 科技为企业叙事带来沉浸式和互动式体验。保险公司英杰华集团首席执行官阿曼达·布兰克会定期发布视频和季度业绩，概述并强调她为公司设立的目标，例如改善交付能力，致力于提高绩效，坚守金融规则。"我们会赢的。"布兰克在 2020 年说。[20] 最后一点，如果管理者得到他人的尊重和信任，被认为具有良好的判断力，他们就能够产生更大的影响力。[21]

愿景制定的局限性以及克服局限性的方法

在制定愿景时，要避免制定主要的利益相关方认为不切实际或不现实的目标。加拿大航空公司庞巴迪曾经辉煌一时，它的坠落是一个值得注意的反面教材。庞巴迪创立于 20 世纪 30 年代，是一家雪地摩托制造商。[22] 20 世纪 90 年代，这家公司接连收购了波音的德哈维兰分部和里尔喷气式飞机，追求扩张，并定下公司愿景，立志成为一家大型飞机制造商。2005 年，长期担任庞巴迪首席执行官的劳伦特·博杜安在 C

系列客运飞机项目上投入巨资，希望推动公司增长。博杜安的愿景是，将庞巴迪打造成全球顶尖的飞机制造商。然而，在这个过程中，项目出现了严重的成本超支和延期，导致公司背上高额债务。[23]

18个月后，2016年7月，这批飞机投入使用。然而，由于博杜安低估了竞争对手的反应，遭遇致命一击。C系列飞机的定位是成为空客A320系列的竞争对手，而空客决定降低价格，和这款新飞机正面交锋。[24] 结果，C系列销售惨淡，持续亏损，最终甚至需要空客收购这个项目。[25] 2017年，庞巴迪被迫以1美元的象征性价格将C系列的控制权出售给空客，后者将这款飞机重新打造成A220。[26] 2020年，庞巴迪当时的首席执行官阿兰·贝勒马尔被赶下台。从这个案例中我们可以看到，企业领导者不能自不量力地投身于一个不可能实现的愿景。管理者需要有大胆自信地说出让人信服的愿景的能力，但是最初看似富有远见的目标最终也可能只是天方夜谭。

思考：

你见过设定不切实际的愿景的管理者吗？如果见过，结局如何？

培养愿景制定的能力

培养愿景制定的能力，可以通过有意识的观察、想象画面和清晰的表述等方法。培养愿景制定能力的一个技巧是设计师练习。每次进入一个新家或办公室，花几分钟思考你将如何改造这个空间，让它成为一个更具吸引力的生活或工作的地方。在这个过程中，同时记录你的观察和想法，作为后续反思的基础。记录自己的想法可以帮助你获得见解，激发灵感。

另一个有效的方法是组织一个"愿景制定研讨会"。在研讨会上，你和你的团队在公司外见面，共同设想公司的未来。在这类研讨会上，团队使用模式识别预测公司未来将要面对的竞争、监管和财务形势。然后，可以通过系统分析和情景规划，探索组织如何构建并解决最重要的问题。最后，你可以和团队一起制定你希望实现的野心勃勃但合理的最终愿景。

在组织研讨会时，你可以将参与者分成多个小组，要求每个人都要描述他们内心看到的场景,并将这些画面整理好,在研讨会上向其他人汇报。这个过程能够帮助管理者明确自己的想法,也让他们知道高层团队可能会接受什么程度的变化。这一做法不仅能够帮助管理者塑造一个大家共有的愿景,也能够帮助管理者掌控愿景制定的过程。这个方法的缺点是,只有高层管理者参加的愿景制定研讨会可能无法吸引下属参与。尽管有些管理者不愿意在愿景完全成形前和他人分享,但在早期吸引其他人参与有助于提高组织内部的积极性。

总结

愿景制定是为未来创造一个令人信服的愿景,并用这个愿景指导和激励他人实现愿景的过程。企业愿景是一幅激励人心的图画,描绘了组织可能成为的样子。愿景为组织及其成员提供了方向感和目标。领导力中的愿景制定包括设定愿景,并通过强大的简化和讲故事向他人传达这个愿景,让组织的战略、政策和行动与愿景保持一致。下一章将探讨战略思维的第六项也是最后一项修炼:政治才能。

愿景制定清单

1. 为你的组织制定一个共同愿景有多重要？
2. 在制定愿景的过程中，你应该使用"展望未来，再往回推演"的方法，还是使用"评估并想象可能性"的方法？或者两种方法都使用？
3. 你如何提高愿景制定能力，例如通过定期进行设计师练习？
4. 如何提高简洁而有力的沟通能力？

拓展阅读

吉姆·柯林斯、杰里·波勒斯：《基业长青》

西蒙·西内克：《从"为什么"开始》(Start with Why: How Great Leaders Inspire Everyone to Take Action)

西蒙·西内克的 TED 演讲：《伟大领袖如何激发行动》("How Great Leaders Inspire Action")

第六项修炼

政治才能

政治才能指驾驭并影响组织的政治格局的能力，包括理解底层权力动态、不同利益相关方的动机和利益，以及各种行动方针的潜在影响。对企业管理者来说，政治才能是战略思维的重要因素，有助于他们驾驭和管理政治环境，以实现他们的目标。政治才能是知识、技能和态度的结合。它需要你对组织、组织的资源和文化及其政治形势有深入的了解。

随着你的地位的提升，组织的政治情况会变得更复杂。部分原因在于高层人士睿智而野心勃勃，他们都有自己立志要推进的议程，既有业务方面的，也有获得认可和晋升方面的。进一步助长高层政治化的原因是，这个层面需要解决的问题和制定的决策都具有更高的模糊性，几乎不存在"正确"答案。因此，人们总是激烈地争论如何才能更好地推进工作。

野心勃勃的人加上模糊不清的问题，意味着在企业的最高层，政治成为主要驱动因素。要推动并实现你的目标，你必须通过战略思维思考如何建立并维持组织内部的联盟。

此外，你必须积极行动，塑造组织的外部政治环境。这意味着要与客户、供应商和价值链中的其他主要参与者（如合资企业和联盟伙伴）建立并管理重要的关系。此外，要联合起来对那些制定"游戏规则"的强大机构产生影响，包括各级政府、非政府组织、媒体和投资人。

在试图影响游戏规则的过程中，不妨把自己想象成一位企业外交官。[1] 国际外交官致力于通过建立关系、联盟和谈判来保护和争取本国利益。作为企业外交官，你必须学会做同样的事情，保护并争取企业的利益。

要提高政治才能，你就必须提高判断政治系统和战略制定的能力，帮助自己在内部和外部推动战略目标。是否具备这种能力，取决于你是否愿意拥抱政治，并理解政治的基本逻辑。以此为基础，你必须学会审时度势，运用你的见解制定战略，影响他人。这些策略包括利用"过程公平的力量"让人们支持你的想法，以及认识到令人信服的愿景的影响力，"拉动"人们前进。

认识并接纳政治

抗拒或误解政治的基本逻辑将带来严重后果,以下案例呈现了一个真实情境。阿林娜·诺瓦克(化名)在范霍恩食品公司的新职位上工作了仅仅四个月后,就对公司总部的官僚政治深感沮丧。诺瓦克是一名成功的销售和市场营销专家,她曾在国际领先食品公司范霍恩担任国内管理人员,此后被派驻回到她的祖国波兰,并晋升为公司波兰分部的总经理。诺瓦克是一名努力进取、以结果为导向的高管,为公司在她所在国家的业务带来巨额增长。

基于诺瓦克在波兰的成功,公司派她前往巴尔干半岛,挽救公司在该地区的惨淡经营。面对复杂的跨国环境,诺瓦克一路取胜。两年半后,巴尔干半岛的业务走上正轨,持续获得两位数增长。范霍恩的高层也因此看到诺瓦克的潜力,他们认为诺瓦克需要积累区域经验,为将来担任更高的职位做好准备。因此,他们委派诺瓦克担任范霍恩在欧洲、中东和非洲地区(简称"EMEA区域")的区域营销副总裁。诺瓦克在这个新职位上负责管理该区域的营销战略、品牌推广和新产品研发。

范霍恩采用矩阵结构。诺瓦克向公司负责营销的高级副总裁玛乔丽·阿龙直接汇报。阿龙常驻公司位于芝加哥的美国总部。同时，诺瓦克也跟她的前上司、负责 EMEA 地区业务的国际副总裁哈拉尔德·艾森伯格之间存在虚线汇报关系。不同国家的公司总经理都向艾森伯格汇报工作。

诺瓦克刚上任时充满工作热情，她和 EMEA 区域的总经理以及她的前上司一一谈话。基于这些讨论以及她之前在这个领域的经验，诺瓦克认为，对该区域来说，最迫切的问题是，在产品开发决策方面如何更高效地管理中心化和去中心化之间的紧张关系。具体来说，就是在该区域公司应该在多大程度上要求产品配方和包装标准化，又该在多大程度上赋予各地区灵活性，允许产品存在本地化差异。

诺瓦克整理了一份报告，概述了她的初步评估结果和改进建议。她的建议包括在某些地区加强中心化（例如，关于整体品牌识别和品牌定位的决策），同时在其他地区给予企业总经理更多灵活性（例如，进行有限的配方调整）。接下来，诺瓦克安排了一次与阿龙和艾森伯格的线上会议，他们认真地聆听了诺瓦克的汇报，似乎看到诺瓦克的方法的可行之处。

两位高管让诺瓦克去咨询受改革影响最大的利益相关方,即范霍恩的美国产品开发和市场营销总监,以及 EMEA 区域的各位总经理。

诺瓦克按照阿龙的指示,和产品开发高级副总裁戴维·华莱士、华莱士的团队成员以及范霍恩的企业营销团队成员进行了线上会议。接着,她搭上前往芝加哥的飞机,向产品开发团队以及市场营销团队的约 30 人汇报了她的想法。他们提出了许多建议,这些建议几乎都会导致更高程度的决策中心化。

会议期间,诺瓦克观察与会人员的肢体语言,聆听他们的建议,意识到产品开发团队和市场营销团队之间的关系非常紧张。"我踏入了一个政治雷区。"诺瓦克想。这场会议让诺瓦克对此前担任她这个区域战略职位的同事产生了更多同情。当诺瓦克还是波兰区总经理的时候,她经常和这位同事产生冲突。

诺瓦克和她的老同事们(即 EMEA 区域各位总经理)之间的谈话也不顺利。他们很乐意接受诺瓦克关于增加灵活性的建议,可一旦后者提出额外限制他们的自主性,反对的声音立刻变得更加强硬。罗尔夫·艾克里德是一位备受尊重的总经理,他指出,尽管诺瓦克提议增加某些方面的灵活性,但不足以弥补他们将放弃的东西。由于公司在各个国家的全国总经理需要对其管理区域的盈亏负责，他们在分配当地资源方面也有极大的自主权。诺瓦克很清楚，逼迫他们接受改变不可行。这段经历让诺瓦克怀疑自己是否有耐心和手腕来应对这个新职位的政治挑战。

诺瓦克的经历就是一个典型案例，当管理者的职位晋升至一定高度，管理者无法再依赖职位的权威解决问题时，类似的事情就会发生。只有改变自己的思维方式，诺瓦克才能取得成功。她需要运用政治智慧和手段，通过影响力而不是权威来进行领导。这样做的基础是，通过政治化的视角思考组织问题。对一些管理者来说，这并非易事。你如果讨厌政治，就必须克服这一点。想想你如何通过建立联盟来实现重要的目标，也许会对你有所帮助。

运用政治智慧思考组织问题，需要怎么做？首先，想象你的企业（及其外部环境）是一个组合，这个组合包括各种影响力巨大的参与者，他们都有各自要追求的目标，即他们正在争取实现的组织和个人目标。正如第二项修炼所讨论的，企业作为系统，其结构和流程会对工作成果产生影响。但是，正如前文所述，野心勃勃的人加上模糊不清的问题，意味着高层（以及外部）重要决策的成功制定往往是因为这些决策得到关键决策者组成的获胜联盟的支持,而决策未被采纳是因为存在由反对者组成的抵制联盟。[2]

为了实现你的目标,你需要识别潜在的获胜联盟。这些人联合起来就有力量支持你的议程。同时,想想你将如何建立这些联盟。在公司层面,诺瓦克需要获得阿龙和华莱士的支持,而在 EMEA 区域层面,她需要艾森伯格的支持。这三个人联合起来,就是诺瓦克需要的获胜联盟。

你也要考虑潜在的抵制联盟——那些有权集体说不的联盟。你要考虑如何避免抵制联盟的出现。谁有可能联合起来试图抵制你的议程,为什么?他们可能怎样反对你?如果你知道反对意见可能来自哪里,你就可以努力消除它们。对诺瓦克来说,企业组织和区域总经理之中都可能存在抵制联盟。

你还要认识到关系和联盟不是一回事。这并不是说关系没有价值,关系的价值是不言而喻的。然而,关系并非建立联盟的唯一基础,因为了解人们的议程以及你的议程是否和他们一致也很重要。你可以和某个人有牢固的关系,但你们之间也存在竞争的动机。中立甚至敌对的关系也可能产生联盟,只要你们拥有共同的议程,或者你们可以互相支持以实现互补的目标。

第六项修炼
政治才能

定义你的影响力目标

提高影响力的第一步就是想清楚你为什么需要他人的支持。诺瓦克的目标是在新上司和旧上司之间达成一项新协议,确定如何进行 EMEA 区域的市场营销决策。从现状来看,双方之间需要妥协的情况由来已久。从表面来看,任何改变都会让其中一方取胜,另一方落败。也就是说,只有达成一系列双方都支持的交易,协议才有可能达成。

思考:

你在影响力方面是否正面临严峻的挑战?对你来说,系统地思考这个问题有用吗?如果是这样,花几分钟写一个总结。

理解关键决策者

有了对你的目标的清晰理解,你现在可以专注于思考你需要谁的支持，以及如何获得他们的支持。首先，确定你需要建立什么样的联盟来实现你的目标。你需要在多大程度上获得你无权领导的人的支持？

你可能需要探索一下你是否能达成某些交易来帮助你赢得人心。图6-1总结了组织内常见的交易"货币"，包括提供资源或灵感、确定更高的职位、给予个人支持，甚至只是简单地表示欣赏。要做到这一点，不仅需要清晰地认识你的需求，也需要明确理解他人重视的事物。

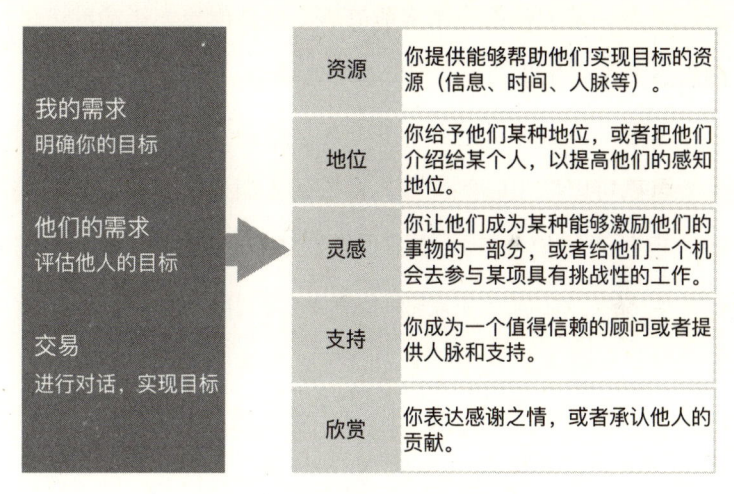

我的需求 明确你的目标	资源	你提供能够帮助他们实现目标的资源（信息、时间、人脉等）。
	地位	你给予他们某种地位，或者把他们介绍给某个人，以提高他们的感知地位。
他们的需求 评估他人的目标	灵感	你让他们成为某种能够激励他们的事物的一部分，或者给他们一个机会去参与某项具有挑战性的工作。
交易 进行对话，实现目标	支持	你成为一个值得信赖的顾问或者提供人脉和支持。
	欣赏	你表达感谢之情，或者承认他人的贡献。

图6-1　组织内常见的交易"货币"

除了识别潜在的交易，还需要评估情境压力。也就是说，要了解各种影响关键决策者的作用力,这是由他们所处的环境决定的。思考驱动力和约束力。驱动力推动人们朝着你所期待的方向前进,而约束力就是令他们提出反对意见的情境理由。[3]社会心理学研究表明,在总结人们行事方式的原因时,人们高估了性格的影响,而低估了情境压力的作用。[4]罗尔夫反对诺瓦克的提案,根本原因可能是他的古板以及他对保住权力地位的需要,也可能是因为他需要实现自己的业务目标。他的反对或许只是他对这类情境压力的反应。因此,花点儿时间思考一下,什么作用力能够驱动那些你想要影响的人?然后想办法强化驱动力,消除部分约束力。

　　你还得思考你希望影响的人如何看待他们的选择。他们认为自己可以做出哪些选择?理解他人的想法,关键是要确认对手是否相信公开或私下抵抗能够维持现状。如果他们相信这一点,你就必须让他们相信维持现状不再是一个可行的选择。一旦人们认定不管自己怎么做都无法阻止改变,这场游戏就会从"反对改变"变成"影响改变"。诺瓦克当时能否说服关键决策者,让他们相信现状不可接受,改变无法避免?

　　对协议实施的担忧也是同一范畴的问题。人们可能认为对他人让步不会得到尊重,如果自己争取现状,可能比冒险接受另一种选择更好。如果人们担忧没把握的协议,从而阻碍了进展,这时就要想办法提高他们的信心。例如,你可以提出分阶段进行,等一个步骤成功之后再实施下一个步骤。

思考:

使用表 6-1 对争取关键决策者的潜在交易进行评估。同时,评估驱动他们的情境压力,以及他们对自己拥有的选择的看法。

表 6-1　评估争取关键决策者的潜在交易

关键决策者	潜在交易	情境压力	选项

绘制影响力网络

通常,决策者寻求建议的人会影响决策者,因此,有必要花时间绘制影响力网络。问问你自己:在目前遇到的问题中,谁影响着谁?影响力网络的作用十分重要,能够决定你是否可以实现目标。当遇到重要问题,需要做出重大决策时,决策者常常会听从他们信任的人的意见。

影响力网络是沟通和说服的渠道,与正式的组织结构并行,是一种影子组织。[5] 如何绘制影响力网络?很简单,运用图 6-2 中的"靶心"图。我们将使用诺瓦克的例子来示范如何使用这张图。首先,确定主要决策者,把他们放在中间。接着,确定对决策者产生影响的人或群体,把他们放在外部圈层。离中心越远的人和群体影响力越小。使用箭头标志影响力的方向和大小,箭头越粗说明影响力越大。然后评估哪些人持支持态度,哪些人持中立态度,哪些人持反对态度。最后,确定潜在的获胜联盟和抵制联盟。

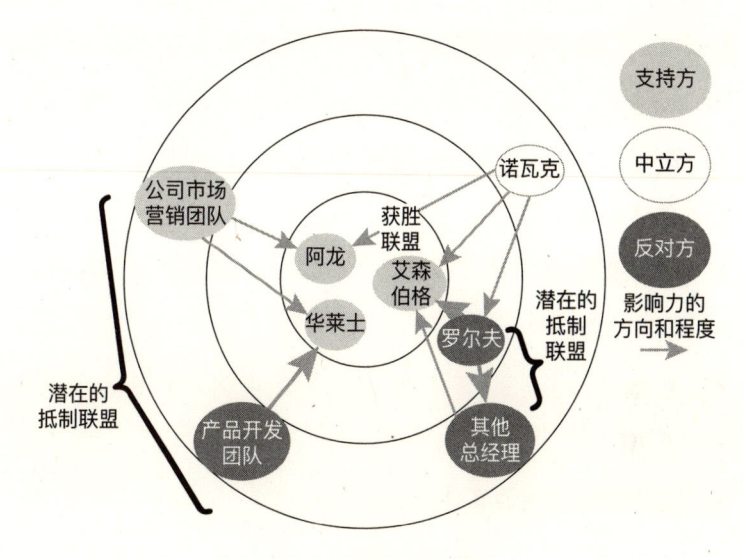

图 6-2 绘制影响力网络

思考：

在你正面临的影响力挑战中，识别关键决策者和绘制影响力网络是否有帮助？

制定影响力策略

进一步了解你需要影响的人之后，你就可以利用以下七种"工具"制定影响力策略：

- 咨询
- 框架构建
- 社会压力
- 塑造选择
- 周旋
- 排序
- 迫使行动发生的事件

咨询是一个获取影响力的技巧，能够带来更多支持，这是因为人们觉得自己对结果有所贡献。有效的咨询需要积极聆听。杰夫·伊梅尔特曾任通用电气首席执行官，他认为聆听是"最被低估、开发最不足的商业技能，特别是在一个不确定性越来越高、风云变幻的年代"。[6] 然而，越是高层的管理者，通常越不愿意聆听。下属也可能不愿意跟你说一些你不想听的话。你可以通过寻求他人的意见并把他们的反馈融入你的做法来克服这个问题。良好的咨询始于提出有重点的、真诚的问题，并鼓励人们说出他们真正关心的问题。然后，你需要针对听到的内容做出总结和反馈。

这一做法表明你在关注并认真对待谈话。作为一项影响力策略，积极聆听的力量被严重低估了。它能够让更多人接受艰难的决策，引导人们的想法，帮助你以富有成效的方式做出选择。管理者提出的问题以及他们对答案的总结对人们的认知具有强大的影响力，因此，积极聆听和框架构建都是富有影响力的说服技巧。关于更多积极聆听的建议，见表6-2。

表6-2　更多积极聆听的建议

保持在场	鼓励对方
将所有注意力集中在对方身上。 · 将全部注意力放在对方身上；离开计算机，忽略手机。 · 进行直接的眼神交流。 · 避免看附近的人或事物。 · 用你自己的语言重复对方表达的意思，例如，"我听到你说……" · 当有必要时，阐述你对对方的话的理解，例如，"如果我没理解错，你刚刚说……"	鼓励对方说出想法。 · 口头表示同意，尽量不打断，使用"嗯哼""嗯""是的"等词语。 · 点头示意你正在聆听。 · 身体倾向对方。 · 聆听时不打断对方，搁置你的评判，切勿强行让对方接受你的方案。 · 承认对方的情绪并表达共情，例如，"你似乎感到……"

第六项修炼
政治才能

续表

问题	总结
从对话中学习,确认你原有的想法。 ・提出需要进行思考的问题;避免提出答案为是/否的问题。 ・使用"再跟我说说这个"引出更多详情。 ・使用"为什么你觉得是这样的?"探究对方对因果的理解。 ・使用"如果……会怎么样?"和"那样会发生什么事?"鼓励对方对结果进行思考。	总结你听到的内容以及达成的共识。 ・先从一句总结性话语开始:"我来总结一下我们的讨论……" ・总结应包括对话中最重要的事实、信息和达成的共识。 ・确定对方是否和你有着相同的理解。"你同意这点吗?" ・感谢对方参与这场谈话。

框架构建指通过论证和类比,陈述你对需要解决的问题的定义和可接受的解决方案。这意味着你要针对不同的人精心构思你的论点,让你的论点具有说服力。使用适当的语气传达你的信息,深入了解你希望影响的人的动机和议程,批判性地塑造关键参与者对他们的可选项的认知。

例如,诺瓦克应该研究的是如何才能让罗尔夫从反对的立场至少转变为中立,或者理想的情况下,转变为支持的态度?诺瓦克能不能解决他的某些具体的担忧?是否可能通过承诺实施某些交易来吸引罗尔夫?有没有办法帮助他推进他关心的其他议程,换取他对诺瓦克的支持?

在构建框架的过程中，记住亚里士多德的三种说服方式：逻辑、道德和情感。[7]"逻辑"是做出符合逻辑的论证——用数据、事实和充分的理由来论证改变的必要性。"道德"是强调决策过程中需要应用的原则（比如公平）和必须坚持的价值观（比如团队合作的文化）。"情感"是和你想要影响的人建立情感联系，例如传达有望实现的鼓舞人心的愿景。

框架构建通常意味着传达几个关键的论点，通过重复让这些论点深入人心。这和强大的简化有异曲同工之妙。重复是一个有效的手段，因为通过重复的强化，人们能够获得最佳学习效果。当我们重复听一首歌，在听第三次或第四次的时候，我们的脑海里就会自动播放这首歌。不过，一直听一首歌也可能让我们感到厌烦。同样，如果重复相同的话，会让人觉得你在试图说服他们，这可能会引起反作用。高效沟通的艺术要求重复并详细阐述核心主题，而不是听起来像鹦鹉学舌。

在构建论点时，想想如何给人们打一支"预防针"，让他们对对手可能提出的反驳意见产生免疫。提出并坚决驳斥此类反驳，能够让受众产生免疫，即使这种论点以更尖锐的形式出现。表6-3提供了一个简单的清单，你可以利用该清单来构建你需要的论点。使用下面的分类和问题来确定如何最有效地说服他人。

表6-3 构建论点的清单

逻辑——数据和翔实的论据	· 他们有可能觉得什么样的数据或分析具有说服力？ · 什么样的逻辑能够吸引他们？
道德——原则、政策以及其他"规则"	· 有没有什么原则、政策能在这件事上起作用或者说服他们？ · 如果你要求他们做出违反某项原则或政策的行为，你能够帮助他们合理化这种破例的行为吗？
情感——情绪和意义	· 有没有任何你能够激发的情感"开关"，例如忠诚或为大局做出贡献？ · 你能否帮助他们通过支持或反对一项事业来创造成就感？ · 如果他们情绪反应过大，你能帮助他们后退一步，换个角度看问题吗？

社会压力是他人的观点、社会规范以及人们所属的身份群体的规范所产生的有说服力的影响。知道某位受人敬仰的人支持某个决定，会影响其他人对这个决定的吸引力的判断。因此，说服意见领袖承诺支持你，动员他们的关系网，能够给你带来强大的杠杆效应。

《影响力》一书的作者、社会心理学家罗伯特·西奥迪尼

的研究表明，人们的行为具有以下倾向：[8]

- 与坚信的价值观及信念保持一致：人们倾向于和他们认同的群体分享共同的价值观。如果要求他们做出有违这些价值观的行为，他们几乎肯定会反抗。正如《为什么事实不能改变我们的想法》（"Why Facts Don't Change Our Minds"）一文的作者詹姆斯·克利尔所说，试图让人们改变和他们的认同感紧密相关的事物不可能让你走远。[9]

- 与先前的承诺和决定保持一致：打破承诺通常会招致社会的谴责，而言行不一意味着不靠谱，会损害名誉。人们不希望自己的选择推翻先前的承诺，或者树立不良的先例。

- 回报的义务：互惠是一项强大的社会规范。如果你提出的请求能让人想起他过去受过你或他人的帮助，他们就很难拒绝请求。

- 维持名誉：人们希望自己的选择能够维持或提高自己的名誉，不希望自己的选择可能损害自己的名誉。

这意味着，你应该尽量避免要求他人做出与他们的身份和先前的承诺不一致的事情、会降低他们地位的事情、会威胁他们名誉的事情，或者他们尊重的人可能会反对的事情。记住，如果你需要影响某个人，但你的请求和这个人先前的承诺有冲突，那么你应该想办法帮他们优雅地脱身。

塑造选择的关键在于影响人们如何看待他们的选择，想办法让他们难以拒绝。正如《谈判力》一书的作者之一罗杰·费希尔所说的，总是尽可能提供"他人可能同意的提议"。[10] 在某些情况下，最好扩大选择范围。但在某些情况下，缩小选择范围才是上策。如果你要求某人支持某件可能会被视为开创了不良先例的事情，那么最好把你请求的事情和其他选项分开。在其他情况下，你最好根据与更重要的事情的联系来构建选择。

如果人们认为某些选择会导致一方胜利另一方失败，那就很难说服他们接受这些选择。扩大问题或选择的范围可以促进互惠交易，进而把蛋糕做大。同样，如果存在无法调和的、有害的问题，那就可能导致工作停滞不前。有时将这类问题暂时搁置，或者提前做出承诺以缓解担忧，可以消除这些问题。

周旋的意思是，通过一步步发展，你能够让人们到达他们无法一步到达的地方。绘制出一条渐进式的从 A 到 B 的路线，是一项有效的影响力策略。因为每一小步都会为人们决定是否采取下一步行动创造一个新的基线。周旋的方式包括让人们参与对组织问题的诊断。如果早期让关键人物参与问题诊断，后期他们就不得不做出艰难的抉择。一旦达成对问题的共识，你就可以进一步确定选项以及评估选项的标准。到了最后，人们通常都愿意接受他们最初不可能同意的结果。

由于周旋具有强大的影响力，因此要在事情往错误的方向发展之前就干预决策过程。主动发现并构建问题能够帮助你在组织内部获得影响力。我们已经说过，组织内部的决策流程就像河流，重大的决策通常受到更早的流程的强大影响，这些流程包括问题定义、选项识别、成本和收益评估标准制定。当问题和选项被确定时，这条大河已经在奔腾，早已开辟出一条通往某个特定结果的通道。

排序意味着你在干预人们为预期方向积蓄动力时，需要战略性安排顺序。[11] 假如一开始就接触了正确的人，你就可以建立起一个富有价值的结盟循环。成功获得一位受人尊敬的盟友能够帮助你更轻松地获得其他盟友，你的资源库会随之增长。随着获得越来越多的支持，你的议程成功的可能性将增加，你也能更轻松地获得更多支持者。例如，根据诺瓦克对范霍恩的影响力模式的判断，她应该先和企业营销部门的关键成员会面，接着和负责产品开发的副总裁戴维·华莱士见面，争取他的支持。

更笼统地说，诺瓦克的排序计划应该包括一系列仔细斟酌的一对一谈话和小组会议，为一项新的交易造势。这个过程的关键在于，要按照正确的顺序安排这些活动。单独谈话能够有效地获得细节，例如听取人们的立场、提供新的或额外的信息来塑造他们的观点，或者初步沟通附带交易。然而，在一项严肃的谈判中，除非和其他人面对面谈话，否则参与者通常不愿意做出最终决定和承诺。这个时候，小组会议就派上用场了。

迫使行动发生的事件能够促使人们做出决定，并投入稀缺资源。[12] 当你的成功需要协调多方行动时，如果某个人迟迟不行动，那就可能产生连锁反应，让其他人有借口停止推进工作。因此，你必须剔除不作为的选项。你需要做的就是设计迫使行动发生的事件，让人们行动起来。会议、回顾会、远程会议或截止日期都有助于创造并维持动力，增加人们坚持到底的心理压力。

思考：

你能否将咨询、框架构建、社会压力、塑造选择、周旋、排序和迫使行动发生的事件这七个策略应用于你正在分析的影响力挑战，从而实现你的目标？

情商的重要性

情商即超越我们的目标和视角看问题的能力，对一个人的影响力有着不可小觑的作用。情商让我们能够站在他人的角度想问题。情商较高的管理者更擅长"读懂"他人的情绪，这是有效的社会影响力的基础。观察他人的肢体语言、捕捉房间里的气氛、练习积极聆听的艺术可以提高情商。这意味着要有意识地理解语言真正的含义，而非被动接收语言传达的信息。

自我意识会帮助你管理自己的行为和情绪。你可以通过观察自己的感受会产生怎样的连锁反应并对他人产生影响，来提高自我意识的水平。你也可以通过了解哪些人或事情能激发你生气、愤怒或恼火的情绪反应，来提高自我意识的水平。

"感知位置"（见图 6-3）练习是一种提高情商的有效方法。[13] 这意味着要在具有挑战性的情况下，有意识地从他人的视角看问题。当然，从自身的利益和诉求出发看待这个世界是很自然的。然而，这也意味着你可能会有盲区或偏见，它们让你看不清真正的问题，无法发现更有建设性的方法来参与和解决问题。

你的视角
通过我们的眼睛看世界

他们的视角
"去对面"

中立的视角
"去阳台"

图 6-3　感知位置

第一种方法是努力通过他人或相关人员的视角对情况进行观察。尽可能以你认为他们会采用的视角去看问题。在这个过程中，记住共情和同情不是一回事。理解他人的视角并不意味着放弃你自己的计划。不过，更深入地理解某件事通常没坏处。

第二种方法是中立、客观地看待正在发生的事情。问问自己：没有经历过这种情况或没有明显的利益关系的人，会如何观察正在发生的事情？对于如何处理这种情况，他们会给你提供什么建议？

这项练习的目的在于，在这三个视角之间灵活转换。先从你如何看待当下的情况开始。接着走到对面，看看能有什么新的见解或角度。接着去阳台，从中立的角度出发，看看是否能发现新的或不同的视角。最后，回到你自己的视角，探究你对当下形势的思考是否发生了变化。只要勤加使用，这个感知位置练习就能提高你的情商和你利用情商影响他人的能力。

提高政治才能

有意识地专注于通过政治视角看世界，能够提高你的政治才能。花时间观察并分析组织的政治局势及外部环境。先评估哪些人具有影响力。他们的议程和权力来源是什么？他们是否有高超的技术能力或获取信息的渠道？还是说他们有影响力是因为他们接触了其他主要决策者，或者和其他有影响力的参与者联合起来了？

接着，尝试使用先前讨论的影响力工具，例如框架构建、塑造选择和排序等。思考怎样才能最好地构建论点来吸引有影响力的参与者的兴趣。你希望他们如何看待他们的选择？和人们聊天以造势的最佳顺序是什么？

最后，努力建立你的人际网络。政治才能通常包括建立和利用组织内外的关系网络。努力培养和加强你的社交技能，建立一个多元化、战略性的关系网络，能够帮助你变得更有影响力。

总结

政治才能可以帮助你探索并影响组织的政治局势。通过了解潜在的权力动态，不同利益相关方的议程和影响力模式，你能够更好地制定战略，组建联盟支持你的目标。你可以利用多种工具对组织施加影响，包括咨询、框架构建、社会压力和排序等。

政治才能清单

1. 为了推进你的议程，你需要在组织内外建立的最重要的联盟是什么？
2. 有影响力的参与者正在追求什么议程？他们的议程和你的议程在哪些方面是一致的？在哪些方面可能存在冲突？
3. 影响力是如何在组织内部发挥作用的？在关键问题上谁听谁的？
4. 关键人物的动机是什么？什么样的情境压力驱动着他们？他们如何看待自己的选择？
5. 一项高效的影响力战略具有什么要素？你应该如何构建你的论点？周旋、排序和迫使行为发生的事件等影响力工具会有帮助吗？

拓展阅读

罗伯特·西奥迪尼：《影响力》

罗杰·费希尔、威廉·尤里、布鲁斯·巴顿：《谈判力》

威廉·尤里：《无法说不》

杰弗瑞·菲佛：《权力进化论》

尾 声

培养战略思维能力

在引言中,我用以下公式总结了企业管理者的战略思维能力(STC):

$$STC = 天赋 + 经验 + 锻炼$$

天赋源于基因和成长过程。经验是参与到能够培养战略思维的情境中。在理想的情境中,你能够向更高级别的管理者展示你的能力。锻炼即思维努力,用于锻炼战略思维肌肉。

当然,在战略思维天赋方面,你没什么可做的。关键是,不管起点在什么地方,你都要专注于如何提高能力。这需要积累经验,锻炼你的大脑。

积累经验（争取表现）

"你认识谁不重要，重要的是谁认识你"是扩展人脉的基本原则，也是战略思维的核心。光擅长战略思维还不够，要让那些对你的职业发展轨迹有影响的人（你的老板、其他高管、人力资源和人才开发主管）看到你的能力和潜能。

许多管理者都在这方面苦苦挣扎，因为他们没有机会展示自己的战略思维能力。不管你的职位是什么，为了提高自己的曝光度，你都需要做到以下几点：[1]

- 展现你的全局观：让他人认识到你能深入理解组织所处的环境和面临的挑战。利用机会把对当下问题的讨论和大局联系起来。
- 展现你的战略思维能力：永远尽量基于扎实的分析提出你的论点，展示你得出结论的方法。无论是进行书面表达还是口头表达，都尽量使用简洁、富有逻辑的方式。
- 有自己的观点：在每次可能讨论战略性问题之前，花点儿时间回顾关键主题和分析。思考你能够提供的详细见解或者可以提出的问题。
- 展现你观察趋势和设想潜在未来的能力：让其他人看到你对相关趋势的认识。表现出你能够超越当下，预测未来可能的发展方向。
- 以战略思考者的方式说话：使用能够强调战略思维能力的词语和短语，例如"战略目标"、"根本原因"和"竞争反应"等。
- 参与建设性挑战：在不否定他人观点且尊重他人的前提下，提出尖锐的问题。表现出你不仅能看到事物的表面，还能洞察后续的"招数"，预测事情可能的发展方向。
- 避免老生常谈的问题，重新构建问题：找出定义问题和潜在解决方案的新方法。留意有什么机会能证明你具有从不同角度看问题的心智敏锐度。

锻炼你的大脑

在引言中，我将战略思维定义为"战略思维是一套心理修炼，管理者运用这套方法来辨别潜在的风险和机会，确定需要集中精力优先处理的事项，动员自己和组织去规划并实施有前景的发展路径。"我还确定了共同奠定战略思维基础的六项思维修炼：模式识别、系统分析、心智敏锐度、结构化问题的解决、愿景制定以及政治才能。

由于神经可塑性的存在，我们能够锻炼脑力培养这六项技能。直到20世纪90年代末，科学家还认为人类大脑在童年之后就保持相对静止。但后来的研究表明，大脑具有神奇的能力，只要受到特定的刺激，就可以持续塑造和重构处理信息的神经通路和连接。[2] 培养战略思维能力意味着，只要坚持进行正确的锻炼，你就能有所进步。下面的内容总结了这六项修炼的练习。结合这些练习，进行规律的锻炼，制定你自己的战略思维培养计划。

修炼模式识别的能力

模式识别是人类大脑识别周围世界的规律或模式的能力。在商业领域，模式识别是观察企业所处的复杂、不确定、波动、模糊的领域,并识别潜在的风险和机会的能力。

培养模式识别能力,需要集中精力做好以下几点:

- 了解潜在的机制:了解人类识别模式的基本原则和机制可以帮助你理解大脑是如何处理和识别模式的,从而让你获得提高模式识别能力的策略。
- 让自己沉浸其中:全身心投入学习某个感兴趣的领域,能够提升你的模式识别能力。尝试识别相关领域中驱动变化的关键变量,并识别这些领域的趋势。培养好奇心,探索事物发展规律背后的原因。
- 和专家交流:找出那些对你感兴趣的领域有深入了解的人。向他们请教,学习如何辨别信号和噪声,如何发现最重要的模式。

修炼系统分析的能力

系统分析旨在为复杂的领域建立简化的思维模型。和钻研某个要素相比,系统分析更着重系统要素之间的联系和相互作用。

要培养系统分析能力，可以关注以下几点：

- 理解系统分析的原则：深入理解复杂系统的潜在概念以及这些概念的应用，有助于高效思考复杂的系统。你可以通过阅读、参加研讨会和培训，以及和经验丰富的系统思考者共事来了解这一点。
- 练习系统分析和思考：和其他许多技巧一样，系统思考能够通过练习得到提高。越经常练习以系统的方式看世界，你就越擅长这种观察世界的方法。此类练习包括运用系统思考解决现实问题，或者进行案例研究和模拟练习。

修炼心智敏锐度

心智敏锐度能让你从多个角度看待事物，对潜在的情况进行思考，并预测各种行动和反应。心智敏锐度的修炼让你能够跳出当下情境看问题，思考不同行动方针的长期影响。

你可以通过以下方法提高心智敏锐度：

- 练习层级转换：刻意练习将视角从全局转换到细节上，接着转换到全局。你如果发现自己被困在地上，试试提高视角。你如果被困在云端，练习回到地面上。
- 参加能够提高博弈能力的活动：诸多活动和游戏都有助于提高心智敏锐度，比如国际象棋、拼图和脑筋急转弯。这些活动有助于提高你思考出招儿和反击的能力。

修炼结构化问题的解决的能力

结构化问题的解决将分析问题的过程分解为具体的步骤，例如识别主要的利益相关方、构建问题、生成潜在方案、评估并选择最佳方案，以及实施方案。

利用以下步骤提高你的结构化问题的解决的能力：

- 理解结构化问题的解决的原则：提高结构化问题的解决的能力，需要理解其中的基本原则，例如解决问题的各个步骤、每个步骤中的工具和技能，以及常见的陷阱和挑战。
- 练习结构化问题的解决：和其他战略思维的修炼一样，

我们可以通过练习提高结构化问题的解决的能力。练习得越多,你就越擅长。这个过程包括钻研各种问题,向他人寻求反馈和指导。

修炼愿景制定的能力

愿景制定是为组织的未来创造一个具有说服力、鼓励人心的愿景,并向他人传达这个愿景以指导和激励他人。愿景是一幅清晰、鼓舞人心的图画,描绘了组织可能成为的样子,有助于为组织和组织成员带来方向感和使命感。

你可以通过以下几点提高愿景制定的能力:

- 理解有效愿景制定的原则:要具备高超的愿景制定能力,需要对潜在原则有明确的认识,例如愿景在领导层中发挥的作用,一个有说服力的愿景有什么特点,如何通过强大的简化来制定和传达愿景等。
- 练习微愿景制定:利用小问题或不重要的情况练习你的愿景制定技能。当你发现这样的机会时,思考如何实质性地推动事情的发展。例如，通过设计师练习，想象如何重新布置一间房、一个家。

修炼政治才能

政治才能是驾驭并影响组织内外部政治局势的能力。要做到这一点，需要理解不同利益相关方的动机和兴趣，绘制关系网络，制定影响力策略，具体如下：

- 观察并分析政治局势：以政治视角观察组织及其外部环境。专注于识别利益相关方，判断他们的议程和兴趣。
- 尝试理解权力和影响力动态：寻找当权者的模式以及当权的原因，探索谁对谁产生影响和其中的原因。

除了这六项修炼的建议，你还可以进行一些更常规的练习来提高你的战略思维能力：

- 反思并评估你的想法：定期花时间反思你的进步，评估做得好的地方以及需要改进的地方。这样做能够帮助你确定需要着重发力的地方，继续提高战略思维能力。
- 寻求反馈和建议：要提高战略思维能力，就要系统地寻求他人（比如导师、同伴或专家）的意见。他们能够提供富有价值的视角和见解，从而帮助你提高战略思维技巧。

打造一支深谙战略思维之道的队伍

在本书中，我着重探讨了如何提高商业领袖的战略思维能力。但事实上，在商业领域，在大多数情况下，战略思考需要团队工作。因此，有必要注重如何提高团队的战略思维能力。

要做到这一点，你先要帮助你的团队理解什么是战略思维，什么不是。然后，集体思考如何利用识别—优先—动员循环，判断团队目前的效率，评估如何缩短循环时间。

接着，介绍战略思维的六大修炼。这个环节可以在不同场合进行，探究每一项修炼的内容、重要性，以及提高各项技能的方法。为了避免"自我服务偏差"，建议团队成员和你一起阅读并讨论本书各个章节。

此外，你还可以采取以下策略培养团队的战略思维能力：

- 鼓励战略思维的文化：通过角色塑造榜样、表彰和奖励团队成员的战略思维，专注于创造一种重视和鼓励战略思维的文化。
- 提供发展机会：探索是否能够为团队成员提供培训和发展的机会，提高他们的战略思维技能。这类活动可以包括讲习班、研讨会、导师项目以及向战略思维专家学习的机会。
- 鼓励合作：鼓励团队成员分享自己的想法，拓宽看问题的视角，提高他们的模式识别技能。你可以在团队例会上开展这项活动，为团队成员提供在具体项目中合作的机会。
- 投资于行动学习：为团队成员提供资源和支持，让他们测试新的想法，以结构化的方式解决问题。通过这一做法，鼓励团队成员学习。你也可以提供一笔实验预算，投入时间进行创新，并为团队成员提供从失败和成功中学习的机会。

理解战略思维的未来

战略思维向来是企业管理者的一项基本能力，未来这项能力可能会变得更加重要，因为商业环境变得越来越复杂，越来越充满不确定性、波动性和模糊性。在如此变幻莫测的环境中，战略思维能力将为组织带来长期的竞争优势。

提高战略思维能力将帮助你更加高效地预测外部环境中的技术进步、市场环境改变和新的竞争等变化，并做出有效应对。这项能力也能帮助你更好地理解组织的优势和不足，分配资源，优化行动，并做出有效权衡。

此外，战略思维有助于你进行日益重要的创新。你需要通过战略思维思考如何创新和创造新的产品、服务和商业模式，让你的企业保持竞争力。要想成功，你必须学会创造性思考，并勇于承担预期的风险。

如今，数据和分析越来越重要，这也凸显了战略思维的重要性。你需要运用战略思维对数据进行搜集、分析和使用，以做出明智的决策。这需要你进行批判性和分析性思考，也需要你学会自如地使用数据和人工智能工具。

最后,由于世界各地的相互联系越来越紧密,战略思维也将变得更加重要。你需要从战略上思考,如何驾驭复杂的全球商业环境,以及如何与关键合作伙伴和利益相关方建立并维持关系。

致 谢

本书源于我和塞巴斯蒂安·默里之间一项富有成效的合作。塞巴斯蒂安是一位天赋极高的研究人员、作家和编辑。他做了大量背景研究，起草了几个章节的初始版本，并负责全书的编辑工作，对本书做出了重要贡献。我由衷地感谢他在写作过程中为我提供的见解和支持。

露西·奥茨是我在英国企鹅兰登书屋的编辑。我正是受她所托才开始这项工作的。露西发现商业类图书市场上缺少和战略思维相关的严肃但通俗易懂的著作。当她联系并询问我是否愿意接受这份工作时，我很高兴。我也很感谢露西的接替者热拉尔丁·科勒德和她的团队在写作和编辑过程中给予我的支持。

我还要感谢哈珀·柯林斯出版集团商业分社的出版人霍

利斯·海姆鲍奇。霍利斯看到了本书的潜力,她和她的团队全身心投入支持本书在北美的相关工作。

本书的引言和后续章节中许多关于战略思维的例子都讲述了吉恩·伍兹的故事,以及他成为美国第五大非营利医疗保健系统的首席执政官的旅程。我曾经和吉恩共事7年多,我很荣幸能够支持他的工作。他是我认识的最了不起的战略思考者之一,也是世界一流的首席执行官。感谢伍兹愿意让我分享他的故事。

在本书的研究过程中,我们采访了50多位企业高管,他们的见解和话语贯穿全书。我很感谢他们愿意分享自己的经历。在此,我要特别感谢赛默飞世尔科技旗下制药服务集团副总裁卡米洛·科沃斯,他投入了大量时间和我一起探讨战略思维这个话题。

早在30多年前,我还在哈佛商学院攻读决策科学专业博士学位时,就对战略思维产生了兴趣。我的论文导师之一霍华德·雷法研究博弈论、决策理论和谈判理论,他是该领域杰出的关键概念开发者之一。他激发了我对"游戏和决策"的兴趣,教给了我战略思维框架和工具。这些知识贯穿了我的整个职业生涯,我在第三项修炼中也借用了这些框架和工具。

我很幸运能够拥有优秀的同事，他们的研究对思考战略思维做出了巨大的贡献。我想特别感谢阿米特·穆克吉和阿尔布雷克特·恩德斯的贡献。我和阿米特曾经合作设计自适应性组织，并一同开发了被我们称为"四轮驱动模型"的工具，我们的合作为第二项修炼奠定了基础。此外，我提到了阿米特在他备受好评的著作《蜘蛛的策略》（The Spider's Strategy）以及《数字时代的领导力》中提出的重要概念。

第四项修炼的灵感则来自阿尔布雷克特·恩德斯和瑞士洛桑国际管理发展学院（IMD）的同事阿诺·谢瓦利尔在他们的著作《学会解决问题》中的研究和实践。我和阿尔布雷克特共同指导 IMD 的"商业领导力转型"项目。他是这个世界上最好的同事和朋友。看着阿尔布雷克特讲授结构化问题的解决的力量，帮助管理者解决复杂的组织问题，我深刻认识到这是战略思维的一个要素。此外，他的英雄—冒险—宝藏—恶龙的比喻也是一套易记、富有价值的实践方法。

得益于 IMD 提供的研究基金，我才能完成本书的研究和写作。我很感谢 IMD 的研究支持人员，尤其是塞德里克·沃谢，谢谢他们为我提供研究所需的资源。我也非常感谢 IMD

的校长让-弗朗索瓦·曼佐尼和研究院院长阿南德·纳拉辛汉的支持和鼓励。

感谢里奇·韦茨勒和我的咨询公司创世纪顾问团队给予我的支持,谢谢他们在多年的研究和写作过程中给予我的耐心和鼓励。

本书献给我的妻子卡蒂娅·弗拉霍斯。当我受邀撰写本书时,卡蒂娅鼓励我接受这个项目。在我犹豫是否要踏上新旅程时,她帮助我认识到我既有能力也有责任做这件事。在写作过程中,我时不时陷入困境,而卡蒂娅对我的支持从未改变。没有她的支持就没有本书,我非常感谢她。

参考文献

引言 战略思维的力量

1　Samantha Liss, "Advocate Aurora, Atrium Health to merge, creating $27B system", *Healthcare Dive*, 11 May 2022.

2　Robert Kabacoff, "Develop Strategic Thinkers Throughout Your Organization", *Harvard Business Review*, 7 February 2014.

3　Zenger Folkman, "Developing Strategic Thinking Skills: The Pathway to the Top", zengerfolkman.com/articles/developing-strategic-thinking-skills- the-pathway-to-the-top/, 8 February 2021.

4　Tom and David Kelley, *Creative Confidence: Unleashing the Creative Potential Within Us All*, Currency, 2013.

5　Nigel Cross, *Design Thinking: Understanding How Designers Think and Work*, Bloomsbury Visual Arts, second edition, 2023.

6　Warren Bennis and Burt Nanus, *Leaders: The Strategies for Taking Charge*, HarperBusiness, 2004. 如需了解美军采纳并进一步发展此概念的过程，参见 "Who first originated the term VUCA (Volatility, Uncertainty, Complexity and Ambiguity)?", U.S. Army Heritage and Education Center, usawc.libanswers.com/faq/84869。如果希望了解近期关于此概念对商业影响的讨论，参见 Nate Bennett and G. James Lemoine, "What VUCA Really

Means for You", *Harvard Business Review*, January-February 2014。

7　C. Basu, "The Importance of Porter's Diamond & Porter's Five Forces in Business", *Houston Chronicle*, 30 August 2021.

8　D. L. Costill, W. J. Fink and M. L. Pollock, "Muscle fiber composition and enzyme activities of elite distance runners", *Medicine & Science in Sports & Exercise*, Volume 8, Issue 2, summer 1976.

第一项修炼　模式识别：洞察即力量

1　Arthur van de Oudeweetering, *Improve Your Chess Pattern Recognition*, New in Chess, 2014.

2　D. Silver, J. Schrittwieser, K. Simonyan et al., "Mastering the game of Go without human knowledge", *Nature*, Volume 550, 2017.

3　See Jon Russell, "Google's AlphaGo AI wins three-match series against the world's best Go player", *TechCrunch*, 25 May 2017.

4　杰克·韦尔奇在美国历史频道2012年播出的迷你剧《美国商业大亨传奇》的第一集《一场新的战争开始了》中对航运巨头科尼利尔斯·范德比尔特投资铁路的决策进行了评估。

5　See Srini Pillay, "Your Brain Can Only Take So Much Focus", *Harvard Business Review*, 12 May 2017.

6　Daniel Kahneman, "Of 2 Minds: How Fast and Slow Thinking Shape Perception and Choice [Excerpt]", *Scientific American*, 15 June 2012.

7　See "Bet You Didn't Notice 'The Invisible Gorilla'", *NPR*, 19 May 2010.

8　Nassim Nicholas Taleb, *The Black Swan: The Impact of the Highly Improbable*, Random House, 2007.

9　See Daniel Kahneman, *Thinking, Fast and Slow*, Farrar, Straus and

Giroux, 2011.

10　Phil Rosenzweig, *The Halo Effect . . . and the Eight Other Business Delusions That Deceive Managers*, Free Press, 2007.

11　Ronak Patel, R. Nathan Spreng and Gary R. Turner, "Functional brain changes following cognitive and motor skills training: a quantitative meta-analysis" *Neurorehabilitation and Neural Repair*, Volume 27, Issue 3, March-April 2013.

12　Todd B. Kashdan, Ryne A. Sherman, Jessica Yarbro and David C. Funder, "How are curious people viewed and how do they behave in social situations? From the perspectives of self, friends, parents, and unacquainted observers", *Journal of Personality*, Volume 81, Issue 2, April 2013.

13　"Federal Express's Fred Smith on Innovation (1986 Interview)", *Inc.*, 1 October 1986.

14　Lesley Bartlett and Frances Vavrus, "Comparative Case Studies", *Educação & Realidade*, Volume 42, Issue 3, July 2017.

15　Gary Klein, "Developing Expertise in Decision Making", *Thinking & Reasoning*, Volume 3, Issue 4, 1997.

第二项修炼　系统分析

1　Nicholas G. Heavens, Daniel S. Ward and Natalie M. Mahowald, "Studying and Projecting Climate Change with Earth System Models", *Nature Education Knowledge*, Volume 4(5), Issue 4, 2013.

2　See Mary-Ann Russon, "The cost of the Suez Canal blockage", BBC News, 29 March 2021, bbc.co.uk/news/business-56559073.

3　Edward Segal, "Blocked Suez Canal Is Latest Reminder Why Companies Need Crisis Plans", *Forbes*, 27 March 2021.

4 "Cascading failure", Wikimedia Foundation, accessed 22 July 2022, https://en.wikipedia.org/wiki/Cascading_failure.

5 Mark DeCambre, "Hedge-fund investor who made $2.6 billion on pandemic trades says omicron could be bullish for stock market", *MarketWatch*, 29 November 2021.

6 Jay R. Galbraith, *Designing Organizations: An Executive Guide to Strategy, Structure, and Process*, Jossey-Bass, 2001.

7 Tom Peters, "A Brief History of the 7-S ('McKinsey 7-S') Model", tompeters.com/2011/03/a-brief-history-of-the-7-s-mckinsey-7-s-model/

8 Peter M. Senge, *The Fifth Discipline: The Art & Practice of the Learning Organization*, Doubleday Business, 1990.

9 Eliyahu M. Goldratt and Jeff Cox, *The Goal: A Process of Ongoing Improvement*, 30th Anniversary Edition, North River Press, 2012.

10 See Mia Rabson, "From science to syringe: COVID-19 vaccines are miracles of science and supply chains", *Toronto Star*, 27 February 2021.

11 Amit S. Mukherjee, *Leading in the Digital World: How to Foster Creativity, Collaboration, and Inclusivity (Management on the Cutting Edge)*, The MIT Press, 2020.

12 Michael D. Watkins, "Assessing Your Organization's Crisis Response Plans", Harvard Business School Background Note 902-064, September 2001.

13 U.S. Army Center for Army Lessons Learned, www.army.mil/CALL.

14 See Steven Schuster, *The Art of Thinking in Systems: A Crash Course in Logic, Critical Thinking and Analysis-Based Decision Making*, independently published, 2021.

15 Kristina M. Gillmeister, "Development of Early Conceptions in Systems Thinking in an Environmental Context: An Exploratory Study of Preschool Students' Understanding of Stocks & Flows, Behavior Over Time and Feedback", PhD diss., State University of New York at Buffalo, 2017, Publication Number: AAT 10256359; Source: *Dissertation Abstracts International*, Volume: 78-11(E), Section: A, 2017.

第三项修炼　心智敏锐度：
层级转换与博弈取胜

1　完整的引用参见 Jonathan Wai, "Seven Ways to Be More Curious", *Psychology Today*, 31 July 2014。

2　"First-move advantage in chess", Wikimedia Foundation, accessed 14 September 2022, en.wikipedia.org/wiki/First-move_advantage_in_chess.

3　"Game Theory - First Mover Advantage", Economics: Study Notes, Tutor2u.net, accessed October 2022, www.tutor2u.net/economics/reference/game-theory-first-mover-advantage.

4　1994年，美国数学家约翰·纳什因在博弈论中发展了纳什均衡而获得诺贝尔奖。

5　"Extensive-form game", Wikimedia Foundation, accessed 5 October 2021, en.wikipedia.org/wiki/Extensive-form_game.

6　Steven D. Levitt, John A. List and Sally E. Sadoff, "Checkmate: Exploring Backward Induction among Chess Players", *American Economic Review*, Volume 101, Issue 2, April 2011.

7　George Wright and George Cairns, *Scenario Thinking: Practical Approaches to the Future*, Palgrave Macmillan, 2011.

第四项修炼　结构化问题的解决

1　这是一个著名的 RACI（负责者、当责者、事先咨询者、事后告知者）矩阵，其原始版本在 20 世纪 50 年代被用于项目管理。如需了解该方法，见 Bob Kantor, "The RACI matrix: Your blueprint for project success", CIO, 14 September 2022, www.cio.com/article/287088/project-management-how-to-design-a-successful-raci-project-plan.html。

2　过程公平的概念源自对法律中程序正义的思考。如需详细了解，见 "Procedural justice", Wikimedia Foundation, accessed 14 April 2022, en.wikipedia.org/wiki/Procedural_justice。如需了解将程序正义用于领导过程的例子，见 W. Chan Kim and Renée Mauborgne, "Fair Process: Managing in the Knowledge Economy", *Harvard Business Review*, January 2003。

3　Albert Einstein and Leopold Infeld, *The Evolution of Physics*, Cambridge University Press, 1938.

4　Arnaud Chevallier and Albrecht Enders, *Solvable: A Simple Solution to Complex Problems*, FT Publishing International, 2022.

5　Ibid.

6　Amos Tversky and Daniel Kahneman, "Loss Aversion in Riskless Choice: A Reference-Dependent Model", *The Quarterly Journal of Economics*, Volume 106, Issue 4, November 1991.

7　Michael A. Roberto, *Unlocking Creativity: How to Solve Any Problem and Make the Best Decisions by Shifting Creative Mindsets*, Wiley, 2019.

8　Graham Wallas, *The Art of Thought*, Harcourt, Brace and Company, 1926.

9   Daniel Ames, Richard Larrick and Michael Morris, "Scoring a Deal: Valuing Outcomes in Multi-Issue Negotiations", Columbia CaseWorks: Columbia Business School, spring 2012.

第五项修炼　愿景制定

1   关于愿景制定过程的介绍，请参考 Chapter 11 of Senge, *The Fifth Discipline*。

2   Christopher K. Bart, "Sex, lie, and mission statements", *Business Horizons*, Volume 40, Issue 6, November-December 1997.

3   原始引语参见 Susan Ratcliffe (ed.), *Oxford Essential Quotations (4 ed.)*, Oxford University Press, published online, 2016。

4   Shawn Achor, Andrew Reece, Gabriella Rosen Kellerman and Alexi Robichaux, "9 Out of 10 People Are Willing to Earn Less Money to Do More-Meaningful Work", *Harvard Business Review*, 6 November 2018.

5   Joseph Folkman, "8 Ways To Ensure Your Vision Is Valued", *Forbes*, 22 April 2014.

6   John T. Perry, Gaylen N. Chandler and Gergana Markova, "Entrepreneurial Effectuation: A Review and Suggestions for Future Research", *Entrepreneurship Theory and Practice*, Volume 36, Issue 4, July 2012.

7   Jim Collins and Jerry I. Porras, *Built to Last: Successful Habits of Visionary Companies*, third edition, Harper Business, 1994.

8   See "Address to Joint Session of Congress May 25, 1961", jfklibrary.org, accessed 5 January 2022.

9   Jan Trott, "Man walks on the moon: 21 July 1969", *Guardian*, 19 July 2019.

10　David C. McClelland, *Human Motivation*, Cambridge University Press, 1988.

11　"强大的简化"一词最初由波士顿咨询公司（BCG）创始人布鲁斯·亨德森创造，用来描述该公司为帮助客户构建企业问题而创造的矩阵和模型。See Lawrence Freedman, *Strategy: A History*, Oxford University Press, 2013.

12　Howard E. Gardner, *Leading Minds: An Anatomy of Leadership*, Basic Books, 1995.

13　Kendall Haven, *Story Smart: Using the Science of Story to Persuade, Influence, Inspire, and Teach*, Libraries Unlimited, 2014.

14　出自比尔·卡英迪关于"积极心智"的演讲。

15　Paul Hekkert, Clementine Thurgood and T.W. Allan Whitfield, "The mere exposure effect for consumer products as a consequence of existing familiarity and controlled exposure", *Acta Psychologica*, Volume 144, Issue 2, October 2013.

16　Edgar Dale, *Audio-Visual Methods in Teaching*, third edition, Holt, Rinehart & Winston, 1969.

17　See "McDonald's Mission and Vision Statement Analysis", missionstatement.com/mcdonalds

18　George L. Roth and Anthony J. DiBella, "Balancing Push and Pull Change", *Systemic Change Management*, Palgrave Macmillan, 2015.

19　See Alison Rose, "CEO Alison Rose Day 1 speech", NatWest Group, 1 November 2019, www.rbs.com/rbs/news/2019/12/ceo-alison-rose-day-1-speech.html.

20　See Amanda Blanc, "Amanda Blanc: 2020 was truly Aviva at our best", www.youtube.com/watch?v=bz4rljrJf0o, 21 December 2020.

21　Garth S. Jowett and Victoria J. O'Donnell, *Propaganda and Persuasion*, SAGE Publications, third edition, 1992.

22　See bombardier.com/en/who-we-are/our-history.

23　Chris Loh and Luke Bodell, "The Rise and Fall of Bombardier Aerospace", *Simple Flying*, 12 June 2020.

24　See "From War to Partner: Airbus and the CSeries", *Leeham News and Analysis*, 18 October 2017.

25　Frédéric Tomesco, "What went wrong at Bombardier? Everything", *Montreal Gazette*, 8 February 2020.

26　Peggy Hollinger, "Airbus vows to make Bombardier aircraft a success", *Financial Times*, 8 June 2018.

第六项修炼　政治才能

1　See Michael D. Watkins, "Government Games", *MIT Sloan Management Review*, Winter 2003 and Michael D. Watkins, "Winning the Influence Game: Corporate Diplomacy and Business Strategy", *Harvard Business Review*, 2003.

2　David A. Lax 和 James K. Sebenius 创造了这些术语。See "Thinking Coalitionally: Party Arithmatic, Process Opportunism, and Strategic Sequencing", in H. Peyton Young (ed.), *Negotiation Analysis*, University of Michigan Press, 1991.

3　库尔特·卢因是群体动力学领域的先驱，他提出了一种基于动力和约束力的社会变革模型。卢因的基本见解之一是，包括群体、组织和国家在内的人类集体都是一种内部处于冲突状态的系统，这种冲突源于要求变革的力量和拒绝变革的力量之间的矛盾：（一个社会体系的行为）……多种力量共同作用的结果。有些力量相互支持，有些力量相互反对。有些是驱动力,有些是约束力。就像河流的流速一样,一个群体的实际行为取决于……这些相互冲突的力达到平衡。" See Kurt Lewin, *Field Theory of Social Science: Selected Theoretical Papers*, Harper & Brothers, 1951.

4　See Leo Ross and Richard E. Nisbett, *The Person and the Situation: Perspectives of Social Psychology*, second edition, Pinter & Martin Ltd., 2011.

5　See David Krackhardt and Jeffrey R. Hanson, "Informal Networks: The Company Behind the Chart", *Harvard Business Review*, July-August 1993.

6　See Virgil Scudder, Ken Scudder and Irene B. Rosenfeld, *World Class Communication: How Great CEOs Win with the Public, Shareholders, Employees, and the Media*, first edition, Wiley, 2012.

7　Aristotle, *The Art of Rhetoric*, trans. Hugh Lawson-Tancred, Penguin Classics, 1991.

8　Robert B. Cialdini, *Influence: The Psychology of Persuasion*, William Morrow, 1984.

9　James Clear, "Why Facts Don't Change Our Minds", https://jamesclear.com/why-facts-dont-change-minds, accessed 18 May 2023.

10　Roger Fisher and William Ury with Bruce Patton, *Getting to Yes: Negotiating an Agreement Without Giving In*, Houghton Mifflin, 1991.

11　See James K. Sebenius, "Sequencing to Build Coalitions: With Whom Should I Talk First?" in *Wise Choices: Decisions, Games, and Negotiations*, ed. Richard J. Zeckhauser, Ralph L. Keeney and James K. Sebenius, Harvard Business School Press, 1996.

12　"迫使行为发生的事件"这个术语由迈克尔·沃特金斯创造,见

"Building Momentum in Negotiations: Time-related Costs and Actionforcing Events" *Negotiation Journal*, Volume 14, Issue 3, July 1998。

13　要了解更多关于这项练习的信息，见 Trainers Toolbox, "Perceptual positions: powerful exercise to strengthen understanding and empathy", www.trainers-toolbox.com/perceptual-positions-powerful-exercise-to-strengthen-understanding-and-empathy/, accessed 18 May 2023。

尾声　培养战略思维能力

1　有些建议改编自 Nina A. Bowman, "How to Demon- strate Your Strategic Thinking Skills", *Harvard Business Review*, 23 September 2019。

2　Dana Asby, "Why Early Intervention is Important: Neuroplasticity in Early Childhood", Center for Educational Improvement, edimprovement.org/post/why-early-intervention-is-important-neuroplasticity-in-early-childhood, 9 July 2018.